Couverture inférieure manquante

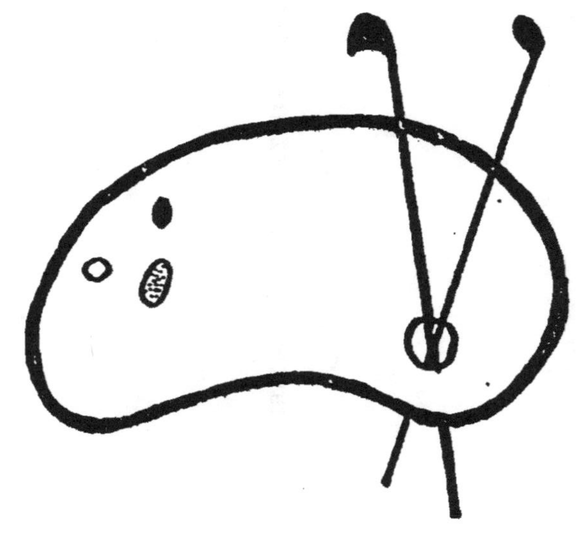

DEBUT D'UNE SERIE DE DOCUMENTS
EN COULEUR

PROGRÈS DE LA CIVILISATION
EN AFRIQUE

RAPPORT

PRÉSENTÉ A LA SOCIÉTÉ DE GÉOGRAPHIE DE LYON

DANS LA SÉANCE SOLENNELLE DU 7 JANVIER 1883

Par M. Louis DESGRAND

PRÉSIDENT DE LA SOCIÉTÉ

IMPRIMERIE GÉNÉRALE DE LYON

30, RUE CONDÉ, 30

1883

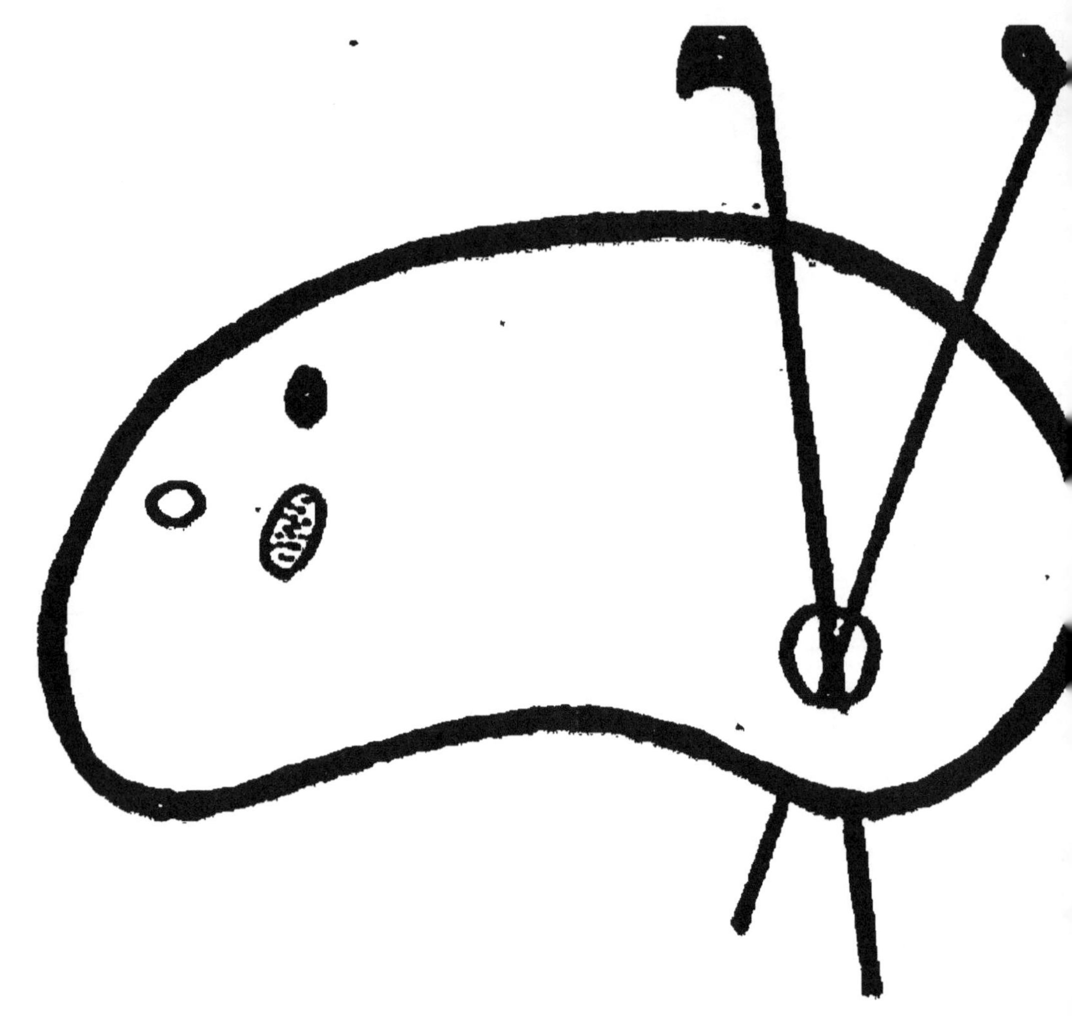

FIN D'UNE SERIE DE DOCUMENTS
EN COULEUR

PROGRÈS DE LA CIVILISATION
EN AFRIQUE

RAPPORT

PRÉSENTÉ A LA SOCIÉTÉ DE GÉOGRAPHIE DE LYON

DANS LA SÉANCE SOLENNELLE DU 7 JANVIER 1883

Par M. Louis DESGRAND

PRÉSIDENT DE LA SOCIÉTÉ

IMPRIMERIE GÉNÉRALE DE LYON

30, RUE CONDÉ, 30

1883

PROGRÈS DE LA CIVILISATION

EN AFRIQUE

PROGRÈS DE LA CIVILISATION
EN AFRIQUE

RAPPORT

PRÉSENTÉ A LA SOCIÉTÉ DE GÉOGRAPHIE DE LYON

DANS LA SÉANCE SOLENNELLE DU 7 JANVIER 1883

PAR M. LOUIS DESGRAND,

PRÉSIDENT DE LA SOCIÉTÉ

MESDAMES, MESSIEURS,

Le Bureau de notre Société avait l'habitude de vous présenter à cette époque le compte-rendu de ses travaux. Il a cru devoir, après mûres réflexions, renoncer à cet usage.

D'une part, ce travail fait double emploi avec le rapport moral et financier que nous soumettons chaque année à l'assemblée générale ; nos Sociétaires peuvent ainsi nommer en connaissance de cause les membres du Comité d'action. D'un autre côté, nos bulletins périodiques, procès-verbaux et imprimés divers, suffisent à éclairer nos concitoyens sur les efforts que nous faisons pour cultiver de notre mieux le champ que vous nous avez confié. Si nous ne le fécondons pas aussi vite que nous le voudrions tous, c'est que notre cercle d'activité s'élargit chaque jour.

Vous allez du reste en juger. Nous plaçons, en effet, aujourd'hui, sous vos yeux le tableau des efforts accomplis, des résultats obtenus dans le cours de ces dernières années, pour introduire sur le continent africain cette grande civilisation qui a fait l'honneur et la prospérité des peuples d'Europe dans le passé et dans le présent. Elle leur assure, s'ils savent la conserver, les mêmes avantages dans l'avenir.

Cette étude, continuée d'année en année pour chacune des cinq parties du monde, aura le mérite de vous fournir, à époques périodiques suffisamment rapprochées, un aperçu de la marche du progrès géographique.

La constitution physique du continent africain ne diffère pas de la charpente générale de l'Europe, de l'Asie et de l'Amérique. Au centre, un plateau élevé, d'une longueur et d'une largeur considérables, mais pas encore suffisamment déterminées ; il s'abaisse par gradins successifs jusqu'à la côte. Sur les hauteurs, des lacs immenses, sorte de mers intérieures dont les Portugais, Lopez surtout, avaient révélé l'existence dès la fin du XVIe siècle. Nos voyageurs modernes les explorent maintenant dans tous les sens.

Des flancs de ce massif central s'échappent d'innombrables cours d'eau. Les principaux : le Nil, le Zambeze, le Congo, le Niger, nous rappellent on ne peut mieux les services de toute nature que le Rhône, le Rhin, le Danube en Europe ; le Gange, l'Irawady, le Yang-tse-Kiang, le Houang-Ho en Asie ; le Mississipi, l'Orénoque et l'Amazone en Amérique, sont appelés à rendre dans les vastes régions qu'ils parcourent.

Ne sont-ce pas, en effet, leurs eaux qui donnent au sol cette humidité sans laquelle il demeurerait improductif, et fournissent à l'homme un élément indispensable à son existence ? N'est-ce pas aussi à leur marche bienfaisante que nous sommes redevables de ces moyens de transport si naturels, si économiques, qu'ils facilitent la circulation et l'échange des plus humbles produits ? N'est-ce pas enfin à l'action continue des fleuves que nous devons ces profondes vallées qui semblent engager l'explorateur à pénétrer dans l'intérieur des terres ; l'ingénieur à y diriger ces chemins de fer, œuvre du génie de l'homme, complément indispensable des voies naturelles, et dernière expression de l'empressement fébrile qu'apporte le XIXe siècle à répandre la lumière de la civilisation jusque dans les contrées les plus inaccessibles du globe ? Où en sommes-nous de cette glorieuse tâche dans chacune des grandes artères africaines? Quels sont les peuples qui prennent part à l'œuvre? Quels efforts leur reste-t-il à faire pour la compléter et doter, enfin, leurs frères de bienfaits sans lesquels ils ne se débarasseront jamais de la hideuse plaie de l'esclavage qui les décime depuis tant de siècles? C'est ce que nous allons essayer de vous dire, en nous limitant aux traits principaux d'un tableau dont les détails fatigueraient votre attention, et feraient perdre de vue le frappant ensemble.

PREMIER GROUPE : l'Egypte, l'Abyssinie, Obock et Assab.

Aucune terre d'Afrique n'est plus favorisée que l'Eypte de ces dons naturels qui permettent aux populations de multiplier et de prospérer. Un des plus beaux fleuves du monde, le NIL, l'arrose sur un parcours de près de mille lieues; des inondations annuelles s'ajoutent à ces premiers avantages ; d'immenses plaines, qui sans cela demeureraient stériles, sont ainsi fécondées. De plus, à l'aide de cette *voie qui marche*, le port d'Alexandrie reçoit de tout l'intérieur de l'Afrique ou y achemine les innombrables produits qui forment l'aliment de ses échanges avec le monde. Les deux mers qui baignent les côtes d'Egypte lui donnent à cet égard les plus grandes facilités.

Comment se fait-il donc que la stérilité ait régné pendant de si longs siècles dans des régions si bien partagées ; et qu'on ne rencontrât naguère encore que stérilité et pauvreté dans un pays qui nous a laissé des traces si remarquables de sa splendeur passée? Ah! Messieurs, c'est qu'il ne suffit pas à une nation que la Providence l'*aide;* faut-il encore qu'elle s'*aide* elle-même. C'est ce que n'ont pas su faire, c'est ce que ne sauront probablement jamais faire les dominateurs actuels de ces riches contrées. Le principe du fatalisme le leur défend. Mais voici que, depuis le commencement de ce siècle, de nouveaux peuples, obéissant à des principes différents, travaillent avec un succès croissant à réparer les ruines du pays des Pharaons. Si maintenant les indigènes profitent de nos exemples et que leurs enfants s'assimilent notre éducation morale et intellectuelle, nul doute qu'ils n'arrivent à reconquérir le terrain perdu.

En tout cas, l'œuvre de régénération est en pleine marche, des chemins de fer et des canaux relient la Basse-Egypte à son port principal, les bateaux à vapeur remontent le fleuve jusqu'à Assouan. De nombreux efforts leur permettront sans doute bientôt sinon de franchir, au moins de tourner les obstacles qui s'opposent encore à leur marche jusqu'à Kartoum et Gondokoro. Cette dernière ville est à l'entrée pour ainsi du premier de ces lacs, qu'ambitionnent d'atteindre les commerçants de toutes les rives de la Méditerranée, de l'Atlantique et de l'océan Indien.

Au 31 décembre 1881, on comptait, en chiffres ronds, 35.000 Grecs, 24.000 Italiens, 20.000 Français et 6.000 Anglais occupés, sous des formes diverses et dans des positions différentes, à répandre en Egypte les exemples d'un travail réparateur (1).

Dans le nombre il est un homme qui a plus fait à lui seul pour la propérité de l'Egypte que tous les autres ensemble. Le percement de l'isthme de Suez, en ouvrant une route nouvelle au commerce de l'Orient et de l'Occident, a rendu le monde entier tributaire d'une souveraineté d'un nouveau genre. Trois chiffres suffisent pour révéler le succès et l'importance de l'œuvre de M. de Lesseps. 435.911 tonnes passaient le canal en 1870, 3.291.515 en 1878, 5.794.401 en 1881. On sait que les six millions de tonnes annoncées par M. de Lesseps, au début de l'entreprise, et considérées alors comme fantastiques, sont à cette heure sensiblement dépassées.

Les rapports de la France avec l'Egypte se perdent dans la nuit des temps. Nous voyons cependant qu'au XVIIe siècle le nombre moyen des navires allant de Marseille à Alexandrie s'élevait à 94; en 1790, le mouvement des échanges entre ces deux ports ne dépassait pas 7 millions de francs. Ce fut peu après que Bonaparte constitua la commission spéciale dont les travaux ont préparé la régénération de l'Egypte. Mehemet-Ali fut le premier à comprendre l'intérêt qu'avaient le pays et sa dynastie à marcher dans le sens de ces idées; ses succes-

(1) Communication de la Société de géographie du Caire.

seurs l'imitèrent, avec l'appui exclusif de la France dans le principe, avec l'adjonction de l'Angleterre depuis quelques années.

Grâce à cette entente, la Basse-Egypte a marché chaque jour et de plus en plus dans la voie du progrès; sa complète assimilation avec la civilisation européenne n'est plus qu'une question de temps. Aussi, depuis quelques années déjà, le gouvernement khédival encourage-t-il les efforts tendant à régénérer la Haute-Egypte. C'est un œuvre ardue, s'étendant jusqu'aux lacs, et bien qu'administrateurs, missionnaires, savants, explorateurs, négociants y travaillent à l'envi; bien que le Nil et ses affluents offrent aux dévouements européens des facilités exceptionnelles, ce ne sera pas avant un siècle peut-être, et au prix de quels sacrifices! qu'on sera parvenu à doter ces contrées sauvages d'une civilisation comparable à l'état actuel de la Basse-Egypte.

Le 22 avril 1881, par exemple, est mort à Suez un de ces hommes. aussi modestes qu'énergiques, capables et dévoués, travaillant sans penser à la récompense ou à l'honneur qui peut leur en revenir. Chargé des intérêts égyptiens sur les confins mal définis encore de ce pays avec l'Afrique équatoriale, *Gessi-Pacha* y a passé quatre années consécutives, il n'a pas cessé un instant d'y travailler à fonder la domination de son gouvernement et à jeter les premiers germes d'une civilisation durable.

C'est ainsi qu'il a ouvert un nombre considérable de routes, fondé des écoles partout où elles ont été possibles, poussé une exploration sur le parcours à peu près complet du fleuve Blanc, relevé le périple du lac Albert-Nyanza, et, enfin, nettoyé et rendu navigable le Bahar-el-Djour, qui forme avec le Nil la principale voie de circulation de ces contrées.

Bien que de pareils travaux ruinent les plus robustes constitutions, Gessi-Pacha comptait les continuer lorsqu'à son retour vers Khartoum, il fut complètement arrêté, lui et ses cinq cents hommes, par les plantes aquatiques qui se développent dans le haut Nil et ses affluents. Toute circulation étant devenue impossible, un campement fut établi et des secours demandés, mais à leur arrivée quatre cent cinquante étaient morts de privations et de misère. Resté parmi les survivants,

Gessi-Pacha réussit à rentrer chez lui, mais complètement épuisé. Il lui a même été impossible de venir en Europe recevoir les récompenses et les marques d'estime dues à ses travaux.

Messieurs, nous ne sortirions pas d'Egypte ce soir si je vous parlais en détail de tous les hommes de dévouement qui travaillent depuis quelque temps à sa régénération. Je ne puis terminer cependant sans vous mentionner au moins les premiers résultats obtenus par l'explorateur hollandais Schuwer, qui a entrepris de traverser l'Afrique du nord au sud.

Parti du Caire le 1er janvier 1881, il arrivait le 28 avril à Famaha ou Fazogl, dernière station égyptienne; la rapacité d'une autorité locale l'y retient jusqu'au 15 mai, malgré la protection de Réouf-Pacha, qui s'efforce de continuer aux voyageurs l'appui que leur accordait si libéralement Gordon-Pacha.

Libre enfin, il visite en détail l'importante tribu des Berlas, et constate leur bienveillance pour les Européens, ainsi que leur hostilité pour les marchands d'esclaves. A Beni-Shougool il rencontre l'explorateur italien Piaggia, qui rentre épuisé en Europe. Le consul de France à Khartoum a depuis annoncé sa mort.

Le 12 juin Schuwer atteignait *Fadassi*, point extrême qui n'a été dépassé jusqu'à présent, ni par Mario, Gessi, Mateucci ni aucun explorateur. Là, tout son monde meurt ou l'abandonne. Alité lui-même pendant trois semaines, il se relève à l'état de squelette; n'importe, il continue sa route vers le sud pendant vingt-cinq ou trente jours, puis rentre à Fadassi.

Les résultats géographiques de cette première étape consistent en une visite *aux nègres Amman*, qui habitent les affluents du *Jabous*. Dans l'exploration du pays des Gallas-Léghas, gouvernés par une ancienne et puissante dynastie et qui peuvent mettre sous les armes une armée de 20.000 guerriers, Schuwer a constaté que le Jabous prend sa source à un degré plus au sud que ne l'a dit Petermann; de même pour le lac et le fleuve Barro. Il a de plus reconnu la ligne de partage des eaux entre le bassin des deux branches du Nil jusqu'au 8e degré.

Aux dernières nouvelles Schuwer établissait sa carte de voyage et recrutait les éléments d'une nouvelle caravane pour gagner l'équateur. Force lui sera de faire un grand détour à l'ouest pour éviter les Gallas-Leghas. Il s'est attiré l'inimitié de leur roi *Boula* en lui refusant sa carabine à répétition. C'est au péril de sa vie qu'il a quitté leur pays.

A ce voyage nous devrions en ajouter bien d'autres; plus spécialement surtout, vous parler de l'exploration de Matteucci qui a réussi à visiter les contrées, à peu près inconnues, qui séparent la vallée du Nil du golfe de Guinée; vous détailler les actes administratifs de Mohamed Moktar Bey, dans les provinces à populations nombreuses mais profondément ignorantes qui longent l'Abyssinie.

Les efforts des nombreux et modestes missionnaires de tout culte et des diverses congrégations, dans le but de répandre l'instruction et les connaissances religieuses dans la Basse et la Haute Egypte, mériteraient bien aussi de vous être signalés. Nous devrions entre autres vous parler de l'établissement à Tantah, la ville sainte d'Egypte, des missions africaines de notre ville et de l'importante colonie agricole que cette Société projette d'établir dans la vallée du Nil, dans le but d'y utiliser la valeur des élèves dont elle développe les aptitudes professionnelles en même temps que l'intelligence. Mais ce que nous avons dit suffit pour édifier sur les progrès accomplis et sur ceux qu'on peut espérer dans l'avenir si les conséquences des derniers événements n'imposent pas un regrettable temps d'arrêt.

Les nouvelles, à ce point de vue, sont loin d'être rassurantes. Dans l'intérêt de sa politique, Arabi, on le sait, retenait toutes les forces destinées à faire prédominer l'influence égyptienne dans le Soudan ; et déjà elle commençait à inquiéter les conseillers de M'tesa sur le Victoria. Mais comme on pouvait le craindre et comme il arrive presque toujours dans ces localités fanatiques, un faux prophète a soulevé les populations et les a conduites en masses considérables contre les Egyptiens. Est-il exact, comme on le prétend, que 6.000 de leurs soldats aient été massacrés, que Kartoum ait été pris et son gouverneur massacré ? Nous n'oserions l'affirmer. Ce qu'il y a de certain c'est que le parti de l'imposteur est puissant et que l'Egypte, en présence des embarras politiques et financiers qui l'accablent, aurabien des difficultés à surmonter pour rétablir dans ces localités le prestige de son influence, et surtout pour offrir à l'Europe, en compensation des sacrifices qu'elle fait pour elle, une voie sûre, commode et prompte pour commercer avec les lacs. Les espérances qu'on avait pu concevoir de ce côté paraissent assez compromises.

ABYSSINIE

Lors de la grande puissance des Pharaons, la frontière d'Egypte s'étendait sans aucun doute tout le long de la mer Rouge. Entre la partie sud de la vallée du Nil et cette mer se place aujourd'hui l'Abyssinie, gouvernée par le *roi Jean*. Cet Etat, formé pour la plus grande partie de hauts plateaux et de vallées profondes et étroites, s'étend du huitième au dix-huitième parallèle de latitude nord.

La civilisation de ce royaume diffère essentiellement de celle de l'Egypte. Gerard Rohlfs, qui paraît avoir rempli dernièrement une mission diplomatique importante auprès du Négous l'attesta en termes très-précis dans une lettre à la Société britannique pour l'abolition de l'esclavage. *L'Abyssinie chrétienne*, dit-il, *refuse l'esclavage, tandis que l'Egypte musulmane y pousse par-dessous mains.* Plus tard le célèbre voyageur explique encore : que si la guerre n'existe plus de fait entre les deux pays, les divergences sont des plus graves. Et il ajoute que rien n'aurait été plus facile au roi Jean que de s'emparer de Massouah et des deux provinces que l'Egypte lui a enlevées ; *que s'il ne le fait pas, c'est qu'il espère que l'Europe lui fera obtenir de bonne grâce un accès à la mer, ce qui est indispensable aujourd'hui à toute nation soucieuse de sa vitalité économique.*

Ces négociations paraissent avoir abouti, puisqu'on annonce que l'Egypte va rendre Massouah. En tout cas, elles n'ont sans doute pas été étrangères au voyage que M. Achille Raffray, consul de France, a fait dernièrement en Abyssinie, et à son séjour prolongé au camp du roi, établi alors à Zéboul, à l'extrémité sud du royaume.

La région de Zéboul forme un plateau élevé qui va en s'inclinant dans la direction de la mer Rouge ; c'est là que vivent les Azebo-Gallas et les Adals, ces derniers plus au sud. C'est sur le territoire de ces derniers que furent massacrés les vingt-cinq membres de l'expédition Giulleni. M. Raffray fit beaucoup d'instances auprès du Négous afin d'en obtenir l'autorisation et l'appui nécessaire pour aller les visiter. Mais tout fut inutile.

Ce consul a rapporté de son voyage des données très-précises sur la flore, la faune et la minéralogie de l'Abyssinie. Mais ce qui intéresse plus encore, ce sont ses nombreux détails sur l'histoire du pays. Il s'appesantit surtout sur les églises monolithes. On en compte plus de 200, les plus belles et les plus grandes se trouvent à Lalibela, ville éminemment religieuse.

D'après M. Raffray, Lalibela doit son nom au cinquième prince chrétien d'Abyssinie. Or, saint Frumence ayant évangélisé la contrée au IVe siècle, ces curieux monuments remonteraient, d'après lui, aux environs du Ve siècle de l'ère chrétienne. Ces données sont d'autant plus sérieuses que l'explorateur les a relevées d'un manuscrit que possède un indigène. L'offre d'une somme importante ne le décida cependant pas à s'en dessaisir, mais, sur la demande du consul, il permit au Père Dufllos, lazariste, de le traduire.

De Lalibela M. Raffray gagna le plateau d'Onag. C'est une région des plus tourmentées. Les vallées y sont si profondes et si encaissées, qu'on ne peut se former qu'une idée très-imparfaite du pays.

Arrivé à la vallée de la Zira, rivière qui descend du mont Gourbache, il atteignit le Biela par un col qui n'a pas moins de 2,785 mètres de hauteur. Puis, ayant visité Sokota, à 2,245 mètres d'altitude, il gagna la vallée du Tellaré et Saka, d'où, après avoir traversé la Zamrah, il inclina vers l'est, franchit le plateau de l'Enderla, où il revit une dernière fois le Negous, et finalement rentra à Massouah.

Les pics de l'Abyssinie sont extrêmement élevés. Entre autres M. Raffray signale l'Aboutra-Youssef avec 4,024 mètres, aussi sait-on qu'il s'en échappe de nombreuses rivières, entre autres le Nil bleu, que l'on a longtemps considéré comme le vrai Nil avec ses lacs. Cette question si longtemps controversée ne fait plus aujourd'hui l'ombre d'un doute.

A la même époque à peu près, le docteur Stocker, compagnon de Rohlfs, visitait le lac Tana, à 1,942 mètres au-dessus de la mer, 2,980 mètres de surface. D'après lui les montagnes Gorgora, au nord du lac, et celles sur les rives sud seraient mal placées sur les cartes anciennes.

OBOCK ET ASSAB

Au sud de l'Abyssinie et presque en face d'Aden se trouve Obock, et plus au nord Assab. Le premier de ces ports appartient à la France sans conteste, le second à l'Italie, mais l'Egypte en revendique la propriété. Ces deux positions attirent depuis quelque temps une certaine attention ; l'une et l'autre tendent au même but : fournir à leurs nations respectives d'abord, et au commerce du monde ensuite, des moyens de ravitaillement et de secours aux navires qui de la Méditerranée se rendent dans l'extrême Orient ; créer en second lieu des entrepôts de marchandises européennes ou produits locaux, en vue de faciliter les transactions avec cette partie de l'Afrique. Elle a son importance, puisqu'elle s'étend du cape Guardafui aux confins de l'Abyssinie et de la mer au royaume du Choa. M. Revoil nous a fait connaitre ce que nous pouvons attendre du pays des Çomalis. D'un autre côté, le marquis d'Antinori, qui a résidé longtemps au Choa et vient d'y mourir, témoigne de l'intérêt que l'Italie apporte à l'ouverture de relations avec les sujets de Ménelik II.

M. A. Delaire et M. de Bizemont ont donné, le premier sur Obock, le second sur Assab, des détails aussi intéressants que complets sur l'historique et les avantages de ces deux colonies, Nous ne pouvons que renvoyer à leurs écrits. Bornons-nous à dire, en ce qui concerne Obock, qu'un des hommes qui connaissent le mieux l'Afrique du Nord, M. Soleillet, qui a touché Inçalah, qui le premier a jeté dans le public l'idée du Transsaharien, et de la jonction de l'Algérie et du Sénégal, qui a vécu six mois à la cour d'Ahmadou sur le Niger, s'est rendu il y a quelques mois dans cette nouvelle colonie française. Tout annonce qu'il y a déjà obtenu des résultats sérieux au point de vue de l'extension et de l'importance de nos relations avec cette partie intéressante du continent africain ; une nouvelle concession de terrain aurait été assurée à la France et les rapports commerciaux avec le Choa auraient un caractère très-satisfaisant. Il est aussi très-probable qu'Obock, si cette colonie s'organise fortement en hommes de valeur et en capitaux, pourra s'attirer le commerce de l'Abyssinie du sud et, de plus, celui plein d'avenir des Gallas. L'Egypte a établi son autorité dans leur capitale Harar. Monseigneur Taurin y réside depuis quelques années ; il a parcouru à plusieurs reprises une grande partie de ces régions. Elles offrent d'immenses ressources, et pour s'en convaincre on n'a qu'à lire les documents qu'a publiés à ce sujet Monseigneur Taurin dans les *Missions catholiques*. Attendons toutefois et n'allons pas trop vite ; les nouvelles voies sont séduisantes, mais elles cachent trop souvent de redoutables écueils aux yeux inexpérimentés.

DEUXIÈME GROUPE : **l'Algérie, la Tunisie, le Sénégal et le Maroc.**

Dans son assiette géographique actuelle, l'Algérie ne possède pas, comme l'Egypte, une puissante voie d'eau qui la relie au centre du continent africain et fertilise ses campagnes. Tout porte à croire, cependant, qu'à une époque dont il serait difficile de fixer la date, notre belle colonie a pu jouir de ces avantages, en grande partie du moins. Si elle les a perdus, et si elle est forcée de les reconquérir par de nouveaux efforts et de durs sacrifices, c'est aux passions et surtout à l'incurie des générations qui l'ont habitée avant nous qu'il convient d'en attribuer la responsabilité.

L'Igarghar en effet, qui descend des monts Hoggar, plateau central aussi bien que stratégique du Sahara, dont la possession seule permettra de dominer de la Méditerranée au Niger, l'Igarghar a certainement abouti aux chotts. Les traces de son lit y sont encore visibles. S'il a disparu, c'est que les populations riveraines, divisées entre elles, n'ont pas vu l'intérêt qu'elles avaient à maintenir une précieuse source de richesses, qui intéressait surtout l'ensemble. Pour de pareils travaux, du reste, il faut des efforts collectifs. La division et l'impuissance ont donc amené peu à peu l'ensablement de l'Igarghar et l'utilisation de son lit en cultures individuelles.

On comprend dès lors, aisément, comment les chotts, privés tout à la fois et des eaux de l'Igarghar et de celles qui s'échappaient des montagnes de l'Aurès, certainement boisées autrefois, ont perdu ce caractère de mer intérieure que leur attribuent une opinion populaire constante et les cartes géographiques les plus anciennes ; toutes y mentionnent la présence de nombreux navires : y pénétraient-ils par la Méditerranée ? nous n'oserions l'affirmer. Toujours est-il incontestable qu'à une époque plus ou moins éloignée, l'Algérie pouvait disposer d'une voie d'eau continue de ses côtes jusqu'au point culminant du Sahara.

Les Romains, uniquement préoccupés de conquête et de domination, préféraient du reste les routes de terre, plus rapides et plus sûres pour les troupes, aux voies d'eau, toujours lentes et irrégulières. Quant aux Arabes, tout le monde sait l'état d'apathie et d'imprévoyance égoïste où les ont jetés les doctrines mahométanes du fatalisme et de la polygamie.

D'un autre côté, ni les uns ni les autres ne se trouvaient aux prises avec cette multiplicité d'échanges internationaux qui forme le caractère dominant de notre époque. Il a placé au premier rang des préoccupations publiques la question des transports intérieurs et extérieurs.

L'Algérie ne pouvait échapper à la recherche de la meilleure solution du problème. La Société de géographie de Paris en fut saisie en 1868. On ne supposait pas alors que la colonie franchirait aussi aisément l'Atlas et réclamerait sa jonction avec le Sénégal et le Niger. La direction à donner aux chemins de fer fut donc décidée dans un sens exclusif de parallélisme à la mer. On assurait mieux ainsi la défense des grandes villes et des côtes ; mais on méconnaissait les vrais besoins de la colonie et du commerce national et international. Ces intérêts demandaient avant tout des voies de communication promptes et économiques avec l'intérieur du pays.

Cet important côté de la question ne devait pas tarder à s'imposer. En 1873, en effet, M. Soleillet revenait d'Insalah, d'où il avait espéré pouvoir se rendre à Tombouctou, l'une des places les plus importantes du Niger et en relations constantes avec le Soudan. Ce hardi explorateur voulut bien nous communiquer ses documents et ses idées sur la suite à leur donner. C'est de leur publication dans notre premier bulletin que date la pensée d'un chemin de fer qui relierait la Méditerranée au Niger, l'Algérie au Sénégal.

Au premier moment ces projets parurent fantastiques; il n'en est plus de même aujourd'hui. On reconnait que de leur exécution plus ou moins prompte découleront nécessairement et la prospérité de nos deux colonies et l'amélioration morale et matérielle de cette importante partie du continent africain.

Aussi des efforts ont-ils été faits, et si le progrès nous parait trop lent, c'est que la grandeur de l'entreprise a forcé d'en scinder l'exécution, en offrant au commerce international une double voie de communication pour aboutir au Soudan. Il suffit de jeter les yeux sur une carte pour voir que les ports du sud de l'Europe, et plus particulièrement de la Méditerranée, de la mer Noire et de l'Azof ont seuls intérêt à la création d'un aboutissant unique au Niger par la voie de l'Algérie. Les armateurs des rives de l'Atlantique, de la Grande-Bretagne et du nord de l'Europe préféreront toujours y accéder par la côte occidentale d'Afrique. Si donc nous ne leur en offrons pas le moyen par Saint-Louis du Sénégal, l'Angleterre ne manquera pas de saisir l'occasion à l'aide de sa position à Sierra Leone.

C'est dans ce même ordre d'idées qu'à une voie unique reliant Alger au Niger en ligne droite, on a préféré une double communication. L'une, partant de Tunis et Bône, ralliant Constantine, pour se diriger sur Ouargla et Insalah, l'autre partant d'Oran et suivant à faible distance la frontière du Maroc, pour aboutir également à Insalah; de ce point central partirait une voie unique, qui relierait les deux tronçons au Niger par Tombouctou ou ses environs.

On dessert ainsi un plus grand nombre de localités populeuses, moins ensablées, mieux fournies d'eaux que celles qu'eût traversées la ligne unique. Le courant des importations et des exportations se répartit aussi de cette manière plus équitablement entre les divers pays de l'Algérie que nous possédons et de la Tunisie que nous protégeons.

Dans ces conditions, l'initiative privée a pu offrir son concours. Avec l'autre système l'Etat seul eût dû se charger de l'exécution. C'eût été la compromettre ou tout au moins la ralentir. Déjà, en effet, la ligne d'Oran est ouverte jusqu'à *Mecheria.* C'est un parcours de 320 kilomètres sur 1,200 au moins à construire. Celle de Tunis et Bône est moins avancée; mais aujourd'hui que le commerce se développe largement de ces côtés, il n'est guère douteux que les compagnies privées trouveront avantage à presser les travaux.

Marcher résolûment mais le plus vite possible à l'accomplissement de ce réseau circulaire de voies ferrées est chose d'autant plus essentielle que tous les efforts tentés et tous les documents produits établissent que le centre de résistance à notre œuvre de régénération se trouve confiné dans le sud du Sahara. Nos progrès ont déterminé le rapprochement de tribus jadis irréconciliables, les Touaregs d'une part, les gens d'Insalah de l'autre. Nos alliés les Chambaas ne peuvent plus dominer cette coalition, à laquelle l'oasis de Figuig offre au besoin un refuge assuré.

Tous nos malheurs sont venus de là. Ce sont six Touaregs qui ont assassiné les trois Pères des missions d'Alger qui se rendaient de Ghadames à Ghat. Ce sont eux aussi qui ont attiré dans un piége le colonel Flatters, l'ont massacré dans le vallon de Tin-Tarabin, à 200 kilomètres au nord-ouest d'Asiou, sous le flanc oriental des montagnes du Ahaggar.

Ce sont les gens d'Insalah qui ont refusé à Soleillet, sous peine de mort, l'entrée de la seconde enceinte de leur ville qui en compte cinq, après qu'il eut franchi la première, et cela malgré la protection que lui donnait un intime ami de leur Djemaa ou Conseil dirigeant.

Ce sont eux encore qui, apprenant l'arrivée imminente de Largeau à Insalah, s'empressèrent de lui envoyer une députation avec ordre de rebrousser chemin s'il ne voulait pas s'exposer à une mort certaine. Elle eût été immédiate si le voyageur n'eût aussitôt fait volte-face.

Les Touaregs et les Touatiens manquent-ils donc des qualités morales sans lesquelles aucune société humaine ne saurait exister ? M. H. Duveyrier, le célèbre voyageur africain, et M. O. Mac-Carty, le savant président de la Société de géographie d'Alger, sont loin de le penser. L'un et l'autre ont connu et pratiqué ces populations, et affirment qu'elles valent beaucoup mieux que la réputation que leur ont faite les derniers événements. C'est à l'exaltation du sentiment religieux, porté jusqu'aux dernières limites du fanatisme, aussi bien qu'aux habitudes séculaires d'une indépendance sauvage, qu'il faudrait, d'après ces auteurs, en attribuer la responsabilité. Tout ce qui n'est pas eux, un chrétien surtout, leur apparait comme un ennemi déclaré; et ces peuples le traitent comme tel: non pas qu'ils manquent aux engagements contractés; mais ils enveloppent leurs promesses de telles subtilités qu'il est difficile de ne pas tomber dans ce qu'ils considèrent comme une violation de leurs droits. C'est alors une guerre implacable.

D'après MM. O. Mac-Carty et Duveyrier, l'origine des Touaregs remonterait jusqu'à Berber et Mazegh, le premier cinquième et le second troisième descendant de Noé. L'appellation de Berbères, conservée à une grande partie de la population du Sahara, celle de Mzab, que porte la fraction de ce territoire que nous venons de nous annexer semblent venir à l'appui de cette opinion; elle est, du reste, empruntée au célèbre historien arabe Iben-Khraldoun.

Le plateau central du Sahara, qu'habitent les Touaregs, au nombre d'un million d'âmes, forme un immense quadrilatère, évalué au quadruple de la superficie de notre pays. Le tropique du Cancer le divise en deux parties à peu près égales : il confine, au nord, à Ghadamès et au Touat; au sud, à Tombouctou; à l'ouest, au plateau de Tademayt; à l'est, à la Tripolitaine et à Mourzouck.

Les Touaregs se divisent en quatre grandes fractions : les Azdjer et les Ahaggar au nord, les Kel-Ouï et les Oouelimmeiden au sud. Ikhenouken, chef d'une des fractions du nord, est ouvertement favorable à la France. Ahitagen, à qui obéit la seconde, l'est moins; il avait cependant fini par promettre sa protection et accorder à la mission Flatters le passage libre, mais avec des restrictions qui ne laissèrent pas que d'éveiller quelques inquiétudes dans l'esprit de son vaillant et infortuné chef. *J'ai pu enfin me remettre en route*, écrit-il de son campement, le 29 janvier. *En continuant à remonter l'Igarghar, pour aller passer à Ahmagdar et aboutir à Assiou, je compte atteindre ce dernier point dans 35 jours,* SAUF ACCIDENT; et plus bas : *Le moment n'est pas encore venu de faire autre chose que passer, circuler à droite ou à gauche serait dangereux. Il y a des défiances à notre égard. Ahitagen nous ouvre le chemin, mais il nous invite à ne pas nous arrêter. C'est tout ce qu'il avait promis et en réalité tout ce qu'il pouvait promettre.*

Nous ne connaissons que trop les douloureux résultats de

cette belle entreprise. De tout le personnel de la mission quatre hommes complètement épuisés ont seuls réussi à gagner Ouargla ; tous leurs compagnons, au nombre de 200 à 250, ont été ou massacrés sur les lieux par les Ahaggar, ou ont succombé, dans leur retraite désespérée vers le Mzab, sous les balles des Touaregs, ou sont morts empoisonnés par les dattes que d'infâmes traîtres venaient leur offrir.

Les documents recueillis par ces glorieux martyrs de la science nous restent, en partie du moins, comme un précieux témoignage de leur dévouement au pays et au devoir. Ils se résument, pour les 1,200 kilomètres parcourus, à la reconnaissance de la vallée de l'Oued Mia et de ses affluents de droite, à l'étude de la route de Ouargla à Insalah jusqu'au plateau de Tademait, à l'exploration de l'Oudje-ouest et de Ahmagdor par Messeguim, ainsi qu'à la reconnaissance de la plus grande partie de la vaste plaine d'Amadhrar, après avoir visité l'Egueré.

Inutile d'ajouter, au point de vue cartographique, que le pouvoir central recueille tous les renseignements topographiques obtenus par tous les explorateurs. Les brigades topographiques travaillent sur le terrain. L'une d'elles a même été victime d'une surprise promptement réparée près du chott Tigri. De constantes publications témoignent de leurs travaux en Algérie, en Tunisie et au Sénégal. Il en est de même pour tout ce qui touche aux opérations géodésiques et astronomiques, placées sous la haute direction du savant colonel Perrier.

Quant aux résultats politiques, ils s'apprécieront mieux lorsqu'on connaîtra les faits que révèlera l'enquête ouverte par les autorités locales et ' consul de France à Tripoli, mais ils démontrent déjà, dit M. Duveyrier, *la nécessité de fortifier nos postes avancés vers le Sahara et de diriger vers le sud un chemin de fer militaire et commercial tout à la fois*. Les projets en cours d'exécution tendent à ce but et il ne paraît pas impossible, à mesure même de leur avancement, que les Touaregs comprennent bientôt mieux les avantages qu'ils peuvent en retirer pour leur pays, tout comme l'inanité de leurs défiances à l'égard de la liberté complète de leurs croyances religieuses, que la France respectera toujours. Quant à leur indépendance, elle pourra, il est vrai, se transformer en participant à la nôtre propre. L'ensemble des populations reconnaîtrait bien vite les avantages de tout genre que leur assurerait notre protectorat. On verrait promptement alors se reconstituer les villes et les villages dont tous les voyageurs qui ont étudié le Sahara attestent l'existence et signalent les vestiges. M. H. Tarry, voyageur français qui est allé huit fois en Algérie et habite régulièrement Ouargla, affirme qu'on en a reconnu plus de 120 de Ouargla à Insalah, et que ces localités sont plus faciles à coloniser, par la nature du sol et par la facilité d'y trouver des eaux abondantes.

M. Valentin de Gorloff a fait à ce sujet, à la Société de géographie de Londres, une importante communication. Elle établit tout à la fois et les richesses que nous pouvons développer dans le Sahara central, bien au delà de ce qu'elles étaient autrefois, et l'intérêt que nos voisins attachent à l'étude de ces questions, alors même qu'elles ne les touchent pas directement.

L'agriculture, le commerce et l'industrie se développent en Algérie, malgré les difficultés occasionnées par les derniers événements. Le mouvement de nos échanges avec la colonie s'élevait, fin 1881, à 287 millions. En y joignant le chiffre des transactions avec l'étranger, on atteint un total de près de 400 millions. Le tableau des douanes anglaises du Cap et de Port Natal accuse 246 millions seulement. C'est, ce nous semble, une réponse éloquente (en réfléchissant surtout à la différence des dates d'occupation), à l'infériorité colonisatrice de notre pays. Ce n'est pas l'esprit d'initiative qui lui manque, il en a suffisamment fait preuve aux Indes et en Amérique, et c'est à des causes d'ordre politique et social qu'il faut attribuer le peu d'énergie et d'esprit de suite et de sacrifice que nous avons mis à défendre les belles possessions que nous avaient ménagées les précédentes générations.

Le développement moral et religieux n'est pas moins satisfaisant. Eglises, monastères, écoles, hôpitaux, se fondent ; le dévouement des missionnaires, des prêtres, des frères, des sœurs, les peuple. La population seconde leurs efforts et s'en montre reconnaissante. Grâce à cet harmonieux ensemble, de nouveaux villages se forment à l'aide de ces orphelins que l'initiative de Mgr Lavigerie et les aumônes chrétiennes sauvèrent des étreintes de la mort, en les arrachant à l'horrible famine de 1866, contre laquelle le fatalisme musulman restait impassible et impuissant. Ainsi se répandent peu à peu les mœurs, les idées, la langue et l'amour de la France sur cette terre arrachée par nos armes à la barbarie qui la stérilisait.

Mais ce n'est pas assez : à peine l'indispensable est-il assuré en Algérie pour la marche de la civilisation religieuse, que se fonde la maison des missionnaires d'Alger. Nous avons parlé de leurs premières victimes ; nous en constaterons d'autres sur les bords du Tanganyka, où ces hommes qu'aucune difficulté n'arrête, sont allés fonder des missions, dans le seul but d'initier leurs frères d'Afrique aux bienfaits d'une civilisation dont ils ont apprécié par eux-mêmes les premiers résultats.

Telle est la pression du courant civilisateur qui se fait sentir dans le nord de l'Afrique que Mgr Lavigerie ne craint pas de dire que c'est *à une action d'ensemble bien plus qu'aux efforts isolés d'hommes de religion*, qu'il faut attribuer le remarquable progrès qui s'opère.

Au dire de l'éminent et populaire cardinal, qui depuis trente années ne cesse de scruter les hommes et les choses d'Algérie, *gouvernants ou gouvernés, militaires, commerçants ou industriels, savants ou ignorants, riches ou pauvres, tous, animés d'un même esprit, sans le vouloir peut-être ou même le soupçonner, travaillent unanimement à cet heureux mouvement*. Or, cet élan des cœurs constitue, d'après cette autorité qu'on ne saurait contester, une force qui impressionne profondément les musulmans. Habitués qu'ils sont à n'obéir à aucune autre puissance, ils se demandent s'ils ne l'ont pas perdue pour toujours, et on sent qu'ils sont troublés jusque dans leurs croyances les plus intimes.

SÉNÉGAL

Pour le Sénégal, plus encore que pour l'Algérie, la vitalité dépend aujourd'hui de ses communications avec le Niger : plus elles seront sûres, faciles et promptes, et plus la colonie verra s'accroître son importance et sa prospérité. Depuis de longues années ses organes économiques s'exprimaient dans ce sens ; mais c'est sous le commandement du général Faidherbe que l'administration coloniale comprit la nécessité ou trouva l'occasion de répondre aux vœux de la population.

A cette époque, en effet, un homme d'une rare audace, d'une

capacité remarquable, et animé d'une foi ardente pour les doctrines de Mahomet, El Hadji Omar, avait réussi à fonder par la force et par la ruse un empire d'une immense étendue. La rive gauche aussi bien que la rive droite du Niger avaient reconnu l'autorité de sa tribu, les Toucouleurs.

Exalté par de tels succès, El Hadji Omar en vint à gêner nos mouvements commerciaux et même à menacer pour ainsi dire notre indépendance coloniale ; après un état de longue et coûteuse hostilité, un échec sérieux fit enfin comprendre à cet ennemi de la France qu'il n'y avait aucun avantage pour lui à guerroyer contre notre puissance, et à nous, qui recherchions des facilités commerciales, à détruire une nation dont on pouvait attendre un concours utile.

Ce fut alors que MM. Mage et Quentin furent chargés d'une mission auprès du puissant chef des Toucouleurs ; ils le trouvèrent aux prises avec de très-graves difficultés, résultant de révoltes de la part d'une fraction importante des populations soumises de la rive droite du Niger. El Hadji Omar étant mort sur ces entrefaites, son fils Ahmadou lui succéda. Depuis lors les choses sont restées dans une sorte d'expectative : la France était paralysée par la guerre de 1870 et les Toucouleurs luttaient péniblement contre les révoltes de partis de plus en plus considérables du royaume fondé par la valeur exceptionnelle du père de leur roi.

L'administration coloniale continua cependant à envoyer du côté du Niger des missions plus ou moins officielles ; de ce nombre fut le voyage de notre collègue, M. Soleillet. Après de nombreuses difficultés, il réussit à gagner Ségou-Sikoro, capitale du sultan Ahmadou. Ce dernier le retint quatre mois auprès de lui, dans un état d'apparente amitié, mais en réalité dans une situation voisine de la captivité. Ce sont, du reste, les formes habituelles aux potentats africains. Après de bonnes paroles et promesses échangées, M. Soleillet rentra sans traité quelconque. Aurait-il mieux réussi dans la nouvelle mission qu'il fut chargé de remplir deux ans plus tard auprès du même prince ? Nous ne saurions le dire, un ordre impératif de l'autorité militaire le contraignit à rentrer alors qu'il était encore sur le territoire de la colonie.

Ce qu'il y a de certain, c'est que le général Brière de l'Isle, alors gouverneur du Sénégal, confia au capitaine Gallieni et à deux officiers de marine le soin d'organiser un corps expéditionnaire complet. Des instructions nettes et précises lui furent données ; elles confiaient à son chef les pouvoirs nécessaires pour déterminer les points convenables à la construction de forts destinés à assurer la liberté de circulation jusqu'au Niger. Elles l'autorisaient, de plus, à passer avec les principaux chefs des traités de commerce et de protection en dehors de toute intervention directe dans les dissensions des populations entre elles. Un représentant des intérêts français, le docteur Bayol, fut en même temps désigné pour accompagner la mission jusqu'à ce que la résidence d'où il pourrait suivre les négociations entamées, fût définitivement fixée.

Partie le 30 janvier 1880, la colonne arriva le 30 mars à Bafoulabé, point de jonction du Bakoy et du Bafing. Suivant alors la rive gauche du Bakoy, contrairement aux idées de Mage, qui avait préféré le Bafing, elle campe le 20 avril à Mackadiambougou ou Kita, position dominante du pays au point de vue politique et militaire, aussi bien que commercial. MM. Mage et Quentin l'avaient déjà reconnu sans hésitation. Le capitaine Gallieni et ses compagnons accentuent encore leur conviction à cet égard. Des négociations sont donc ouvertes avec les Malinkes, à qui appartient le pays. La mission en obtient un traité de commerce et de protection, avec autorisation de construire un fort et une route destinée à relier Boufalabé et Kita. Les Malinkès s'engagent également à fournir les hommes nécessaires.

Ce premier et important résultat obtenu, grâce surtout à l'hostilité déclarée des Malinkès contre les Toucouleurs, le gros de la colonne se porte sur Bamakou, en prenant pour cela la route de Mongo-Park en 1801. Quelques hommes, sous le commandement du lieutenant Vallière, continuent seuls à suivre la vallée du Backoy. Le rendez-vous général est fixé à Bamakou.

Sur tout ce parcours les difficultés grandissent. Les chefs de tribus se montrent pleins d'une froide réserve. A mi-route, la colonne donne dans une embuscade, où elle eût succombé, comme les compagnons de Flatters, si elle n'eût été sur ses gardes. Grâce à cette sage précaution, le capitaine Gallieni sortit du péril en abandonnant la plus grande partie de ses bagages et une trentaine d'hommes, mais non sans avoir infligé une rude leçon à ses ennemis. Les autorités locales étaient-elles complices ou étaient-elles impuissantes à contenir les passions de leurs sujets qu'excitait encore l'espoir d'un riche butin, c'est ce qu'on ne saura probablement jamais. On s'accorde cependant à penser que, ne comprenant pas notre attitude de neutralité, les populations ne savaient trop si elles devaient nous considérer comme des amis ou des ennemis d'Ahmadou, qu'elles redoutaient plus encore peut-être qu'elles ne l'aimaient.

Les deux tronçons de l'expédition se retrouvèrent à Bamakou. Les difficultés avaient été moindres pour le lieutenant Vallière, il fut cependant reçu froidement par l'*Almamy* de Mourgoula, position importante ; des explications franches et quelques cadeaux le ramenèrent à de meilleurs sentiments. Le pays des Mandings, que le lieutenant Vallière eut ensuite à traverser, est riche et abondant en mines d'or; les habitants en sont mahométans, ignorants et paresseux, mais ils se montrèrent très-hospitaliers pour les Français, en qui ils croyaient voir des amis dévoués du sultan Ahmadou.

De Bamakou à Ségou la marche de la colonne s'opéra sans entraves sérieuses, mais les hommes étaient épuisés et les vêtements en lambeaux. Leur chef se demandait comment il pourrait se présenter dans la capitale et à la cour du puissant sultan, lorsqu'à Nango (20 kilomètres de Ségou), un envoyé subalterne du prince vint l'avertir que sa réception officielle serait différée jusqu'à la conclusion d'un traité dont le premier ministre viendrait discuter les termes avec lui. Ces huit jours durèrent du 1er juin 1880 jusque en octobre; ce fut alors seulement que Seigou-Dieglin, accompagné de 600 brillants cavaliers, se rendit à Nango, où il se mit assez promptement d'accord avec le capitaine Gallieni sur les bases d'un traité qui, en réalité, n'assurait à la France qu'un droit de priorité sur le Niger. Les concessions aux idées de progrès et de liberté commerciales que nous représentons ne sont en réalité qu'illusoires ; pour leur donner une force d'interprétation avantageuse aux intérêts de tous il faut maintenant persévérer résolûment dans la voie ouverte. Il faut que des positions fortifiées s'établissent à Bafoulabé et à Kita et qu'une chaloupe à vapeur, en station à Bamakou, fasse sentir l'influence française jusqu'à Ségou. Alors seulement nous pourrons compter que la libre circulation sera établie des rives de l'Atlantique au Niger.

C'est dans ce sens, du reste, qu'on agit. Le fort de Kita a été construit; bien qu'en terre et gravement endommagé par la saison des pluies, il a suffi cependant pour permettre au colonel Desbordes de faire respecter le drapeau de la France et d'asseoir notre influence civilisatrice dans ces localités éloignées. En douze jours de marche cet officier supérieur a pu revoir l'Almamy de Mourgoula, le confirmer plus solidement dans ses dispositions premières, puis, se portant à Nafadgie, infliger une rude leçon à un envahisseur nommé Samory, qui attaquait les Kénériadougou, amis de la France : de pareils faits impressionnent vivement dans ces pays sauvages. Ils feront réfléchir Ahmadou et les Toucouleurs, encore pleins de défiance à notre égard.

Quant aux travaux de communication par terre ou par eau et par télégraphe, ce sont œuvres de temps, de patience et d'argent. Une première ligne télégraphique est posée et fonctionne dans le Foutah. Le chemin de fer destiné à relier Dakar à Saint-Louis a été concédé à la Compagnie française des Batignolles. C'est le plus utile, parce qu'il permettra au commerce d'utiliser la belle rade de Dakar.

De Saint-Louis le transit s'opèrera par la voie du Sénégal jusqu'à Kayes, où ce fleuve cesse d'être navigable. Peut-être, à l'avis d'hommes compétents, eût-il fallu établir plus bas le point de départ.

De Kayes à Bafoulabé l'Etat s'est chargé d'établir une voie ferrée; elle paraît devoir coûter des sommes considérables et occasionner de graves mécomptes. Le projet de la continuer jusqu'au Niger en passant par Kita paraît cependant arrêté; on critique beaucoup ce projet, les régions qu'il dessert ont été ravagées par les guerres locales et paraissent peu productives.

Quoi qu'il en soit, on peut dire que la circulation est aujourd'hui possible entre Saint-Louis du Sénégal et le Niger. Quelques efforts énergiques encore, et notre pays aura ouvert à la civilisation et au commerce une voie de 1,600 kilomètres, sûre et peu coûteuse, de l'Atlantique au Soudan. C'est là une de ces œuvres de paix dont une nation a le droit de s'enorgueillir. Elle pourrait paraître suffisante, mais voici que déjà nous pensons à mieux encore.

Les beaux voyages de MM. Olivier et Bayol, ainsi que l'exploration des sources du Niger par MM. Zveiffel et Moustier, ont en effet pour objectif d'explorer et de soumettre à notre influence le Foutah Djallon, pays très-rapproché du haut Niger. On penserait à utiliser le Tankissa, affluent de ce fleuve, pour l'atteindre par cette voie ; mais outre qu'on affirme qu'il y a des rapides sur le Tankissa, est-il prudent et sage de diviser ainsi nos forces au lieu de les concentrer, en continuant nos efforts à finir d'abord une tâche à peine ébauchée et dont on voit les difficultés ! Il en est de même de la pensée de relier Timbo à l'Atlantique. Elle découle du voyage de M. Olivier. Elle serait peut-être possible et convenable par le Rio-Nunez. Mais est-ce donc une politique sage que de commencer partout et de s'exposer à ne finir nulle part ?

Disons, à ce sujet, que les Anglais ont fait, peu après MM. Olivier et Bayol, une excursion dans le Foutah Djallon. Elle était commandée par le docteur Goulds Bury. Deux autres Européens l'accompagnaient. Le but était aussi d'étudier les moyens de relier Sierra Leone et la Gambie à Timbo. La réponse des autorités paraît avoir été que les Français étaient venus dans le même but, mais que la population ne ressentait pas ce besoin et désirait seulement vivre en paix avec tous.

M. Flegel a remonté le Niger en vapeur jusqu'à Lakodja, au confluent de ce fleuve avec la Benoué.

Sous la protection du roi de Nupé, il a pu arriver à Bida, marché intérieur, situé près du 9e degré latitude nord ; de là il s'est rendu à Loko, sur la Bénoué ; il a visité le Sokota et l'Adamaoua, au sud de la Bénoué, vers le 8e latitude nord et 12e longitude est.

Il paraît découler de cette exploration que la Bénoué est un cours d'eau insignifiant avant sa jonction avec le Mayo Kebbi, dont l'origine n'est pas encore bien déterminée.

La Bénoué prendrait sa source dans les montagnes de l'Adamaoua.

Le Mayo Kebbi pourrait peut-être communiquer par le marais de Toubourri avec le Charri et l'Ouellé.

M. Flegel, par la suite de son voyage, ainsi que Casal et Zemeker, compléteront probablement ce point intéressant.

Entre l'Algérie et le Sénégal se place le vaste empire du Maroc. Autant on fait d'ardents efforts dans nos deux colonies pour y répandre les bienfaits de la civilisation, autant, au contraire, le gouvernement du Maroc reste indifférent à ce mouvement de régénération, Vous avez entendu à ce sujet M. le docteur Lenz. De Tanger à Tombouctou il a trouvé les choses en 1879 au même point où René Caillé les avait laissées en 1824.

Espérons mieux de l'avenir. Les populations ne peuvent échapper indéfiniment aux influences des milieux dans lesquels elles se meuvent. Les idées qui tendent à prévaloir en Algérie et au Sénégal, les idées qui ont toujours régné en Espagne, qui ont permis à ce pays de refouler les Maures sur la terre d'Afrique ; ces idées ne tarderont pas à prendre pied au Maroc. Quelques indices précurseurs semblent même annoncer que nos voisins pensent à reprendre par ce moyen le rang élevé qu'ils ont si longtemps occupé dans l'échelle des peuples civilisateurs.

TROISIÈME GROUPE : **Afrique centrale.**

COTE OCCIDENTALE — OGOWÉ — CONGO — LACS ÉQUATORIAUX, ZANZIBAR, MADAGASCAR.

Avant d'aborder l'étude de l'Afrique équatoriale et des voies à l'aide desquelles la civilisation s'efforce de pénétrer dans la région de ses lacs, disons un mot de l'immense étendue de côtes qui forme le golfe de Guinée, de Sierra Leone jusqu'à l'embouchure du Gabon.

C'est là que se trouvent ces Etats de Bénin, de Dahomey, des Achantis, Côte des Esclaves, etc., qui servaient depuis si longtemps de refuge aux bâtiments négriers et à l'abominable trafic de la chair humaine. Mais c'est là aussi qu'a été le consolant spectacle de la lutte la plus énergique de la civilisation contre la barbarie. Il s'en faut beaucoup encore assurément que la traite ait pris fin, mais au moins le courant de cet odieux commerce a-t-il été déplacé. Les mers en ont été purgées, il n'existe plus qu'à l'intérieur, d'où de nouveaux efforts finiront par l'expulser avec l'aide des missionnaires, des commerçants et, s'il le faut, de la force militaire. Ces trois grands facteurs de la civilisation travaillent à l'œuvre. C'est ainsi que les missions africaines de notre ville, dont nous vous avons déjà parlé, ont fondé des stations :

A Lagos, chef-lieu de la colonie anglaise, de ce nom — à Porto Novo, où la France entretient un agent consulaire, M. *Colonna de Leca*, qui vous a donné ces jours-ci des détails si complets sur les mœurs des habitants de ces pays — à Whydah, ville importante du Dahomey — à Agoué, capitale d'une confédération républicaine de nègres libérés — à Saint-Joseph de Topko, côte du Bénin, où ils ont créé une plantation considérable de cocotiers et offrent par ce fait aux indigènes l'exemple de la réussite par le travail productif allié au sentiment chrétien — à Abéokouta, capitale des tribus Egbas, au nord de Lagos.

Les missions des cultes réformés agissent dans le même sens sur ce champ de la lutte de la civilisation et de la barbarie. — L'Eglise anglicane et l'Eglise presbytérienne se partagent la tâche à Sierra Leone. — Les méthodistes sont à Liberia, Etat formé des nègres libérés d'Amérique. — Nous trouvons sur la Côte d'Or la société wesleyenne et celle de Basle. Cette dernière y est établie depuis plus d'un demi-siècle.

Catholiques et protestants travaillent à l'aide des mêmes moyens à l'œuvre de régénération ; prédications en ville et dans les campagnes ; fondations d'écoles, de collèges ; traductions en langues locales de livres de morale et de religion ; formation de catéchistes et prêtres indigènes ; visites et soins aux malades ; recherches de carrières productives pour les adultes.

Comment de pareils efforts, qui s'adressent aux sources même du mal, c'est-à-dire à l'homme lui-même, n'aboutiraient-ils pas, avec la persévérance surtout, à de sérieux résultats ? Ne frayent-ils pas la voie aux commerçants qui, eux aussi, sont de sérieux pionniers de la civilisation ?

On est étonné, en examinant les relevés de douanes des nations, qui entretiennent des rapports avec la côte occidentale d'Afrique, du peu de progrès qui s'est opéré à ce point de vue. Le mouvement total du commerce anglais avec la Côte d'Or et la rivière de Gambie n'arrive pas à 38 millions, importations et exportations réunies ; il est de 260 millions avec le Cap et Natal. Est-ce donc que ces localités manquent de richesses ? Non, certes ; un de nos compatriotes, M. Brun, s'est rendu l'an dernier au pays des Achantis. Huit jours lui ont suffi pour se rendre à Coumassie, la capitale. Il n'a pas éprouvé un jour de maladie ; la population lui a paru beaucoup plus virile qu'à la Côte. Le roi l'a admirablement reçu en présence de plus de dix mille de ses sujets, dont cent cinquante-six étaient des chefs de tribus ses subordonnés, mais, chose plus significative, en échange des cadeaux qu'il portait au roi Mensah, il en a reçu de si considérables en or, objets divers, et surtout en denrées de toutes sortes, qu'il s'est trouvé embarrassé pour les loger.

Les éléments d'échange ne manquent donc pas dans le golfe de Guinée, mais, il faut bien l'avouer, quelque triste que cela soit, la richesse que nous allions le plus y chercher, c'était le travailleur nègre. Au nom de la morale et de la religion nous l'avons forcé à prendre une autre voie, et il faut attendre maintenant que des rapports plus fréquents de nos armateurs avec ces pays, et des voies de communication plus rapides et plus économiques avec l'intérieur, viennent combler la lacune qu'a créée l'heureuse suppression de la traite.

Une autre cause affaiblit aussi le commerce dans ces parages, c'est la multiplicité des comptoirs et leur dissémination sur tous les points de la côte; aucun d'eux ne peut ainsi produire d'efforts sérieux. Une collectivité importante peut seule créer, par exemple, des routes vers l'intérieur. C'est ce qu'on obtiendra avec la patience, la persévérance et l'appui des gouvernements respectifs. Toutefois, à ce point de vue encore, la concentration des intérêts serait bien préférable à leur éparpillement.

C'est ainsi, par exemple, que l'Allemagne a cru devoir envoyer, malgré l'avis de son consul, une corvette devant Lagos et opérer un débarquement pour châtier une tribu qui avait pillé la cargaison d'une de ses factoreries. On a dépensé plus de 100,000 francs et on n'a pas obtenu un centime d'indemnité; les pillards ont émigré à l'intérieur, ils n'ont rien rendu.

Stanley, de Brazza, tels sont les noms des deux hommes qui se partagent en ce moment l'attention, on peut même dire l'admiration des amis de l'humanité, et plus particulièrement de ceux qui s'intéressent à ce magnifique mouvement à l'aide duquel l'Europe s'efforce de civiliser ses frères d'Afrique.

Le premier, d'origine américaine, a mis son énergique activité et ses talents au service de la nation belge.

Le second, officier de la marine française, appartient à une famille romaine, mais il s'est toujours voué à la cause de son pays adoptif.

Stanley s'est immortalisé en allant à la recherche et au secours de Livingstone agonisant, aussi bien qu'en opérant son audacieuse traversée de l'Afrique équatoriale.

De Brazza ne s'est pas couvert de moins de gloire par sa double exploration de l'Ogowé, de l'Alima, et par ses plans qui tendent à relier ces deux cours d'eau au Congo.

Tous deux brûlent de la même ardeur à continuer une œuvre qui, pour différer dans la forme, n'en tend pas moins à un but identique : procurer au monde les moyens les plus sûrs, les plus prompts, les plus économiques de pénétrer au centre de l'Afrique.

Sa Majesté le roi des Belges a constitué, comme vous le savez, depuis plusieurs années déjà, un Comité international chargé de réaliser ses idées philanthropiques, à l'égard du continent africain. Sa pensée a toujours été de créer des postes de ravitaillement et de secours destinés à protéger les missionnaires et commerçants qui s'y rendent au péril de leur vie. Ce Comité s'est adjoint une puissante Société d'études. Son but est de réaliser pratiquement les idées théoriques et humanitaires du monarque. Et c'est pour le compte de ces deux très-sérieuses et très-puissantes associations que Stanley s'est rendu il y a quelques année, au Congo et vient tout récemment d'y retourner.

Le plan adopté par le Comité, et en grande partie déjà exécuté, est simple ; le Congo, cette grande voie de communication de l'Afrique centrale, est impraticable pour la navigation dans la partie la plus rapprochée de son embouchure, sur une étendue de 220 kilomètres. 32 cataractes de Vivi à Stanley-Pool barrent le passage. Au lieu de s'épuiser à tourner une difficulté insurmontable, on créera une route de terre, latérale au fleuve, du premier au dernier des rapides. Des frais de débarquement, de transport par rouliers et de réembarquement, seront, il est vrai, la conséquence de ce système ; mais l'Europe et le monde entier n'ont-ils pas vécu sous ce régime jusqu'à ce que la découverte de la vapeur soit venue nous doter de moyens perfectionnés ? Rien n'empêchera de les appliquer à la voie projetée, si le besoin et la convenance s'en font sentir plus tard. Travailler pour le moment à créer un passage suffisant, n'est-ce pas l'essentiel et suffisant ?

C'est dans cet ordre d'idées que Stanley n'a cessé d'agir depuis quatre ans, et qu'il a créé une route qui, pour n'être pas complètement finie, n'en commence pas moins à rendre de sérieux services. Le Père Audouard de l'ordre des Pères du Saint-Esprit, qui ont fondé de nombreuses missions sur la côte, s'est rendu l'an dernier à Stanley-Pool. Son but était d'y rechercher l'emplacement nécessaire à une nouvelle station. Il y a vu Stanley et a pu lui dire que ses laborieux efforts commençaient à rendre de grands services.

Rien ne le prouve mieux, du reste, que le début des opérations commerciales dans ces parages. Un premier navire belge, l'*Akassa*, s'y est déjà rendu, chargé de types de toutes les industries européennes. Il en est reparti avec une cargaison de retour. On annonce de divers côtés que plusieurs vont suivre ; nous le croyons d'autant mieux que le plan de Stanley et du monarque qui l'appuie si énergiquement, n'a rien d'exclusif ni de particulier à la Belgique. Rien n'annonce que cette puissance ait, pour le moment du moins, le dessein de prendre, à l'embouchure du Congo ou sur les rives, une position colonisatrice. Elle se contentera d'y commercer comme tout le monde peut le faire.

Les idées de M. de Brazza répondent tout à la fois à l'intérêt du commerce international et à celui de la France en particulier. Elles tendent d'un côté à ouvrir deux voies de communication avec le Congo. Le Congo ! cette puissante artère de navigation fluviale qui s'avance si près de la région des lacs, et formera peut-être un jour la première section d'une communication ininterrompue entre l'Atlantique et l'Océan indien, sous l'inspiration d'un nouveau de Lesseps.

D'autre part, si le plan s'exécute dans son plein, elles donneraient à notre colonie du Gabon une position prépondérante dans des localités qui demandent à se placer sous notre protectorat et dont l'importance en territoire dépasse le tiers de la superficie du sol de la France. Leur situation géographique les place entre l'Ogowé, l'Alima, la rive droite du Congo et l'Atlantique.

Depuis 1875 notre infatigable concitoyen n'a cessé d'explorer ces pays et d'y préparer les esprits à la réalisation de ses hardis projets. Encouragé et fortement appuyé par le Comité français de la Société internationale africaine, par les Sociétés de géographie (la nôtre lui votait en 1879 sa première médaille d'or), par les divers ministères et le pays tout entier, il a déjà réussi à poser d'importants jalons.

C'est ainsi que l'Ogowé, principal fleuve de notre colonie du Gabon, est ouvert à la navigation de tous jusqu'à la rivière Passa, à une faible distance de l'Alima, qui communique elle-même avec le Congo. Une station française a été établie au confluent de l'Ogowé et de la Passa.

Les gens du pays offrent toutes les facilités désirables pour transporter de l'Ogowé à l'Alima les cargaisons des navires en destination du Congo ou du Gabon. La communication d'un point à l'autre et, par conséquent, le commerce direct entre l'Atlantique et l'Afrique centrale, peuvent donc se considérer comme pratiquement ouverts.

Mais toute route demande protection. Ce point essentiel n'échappera pas à la sagacité de de Brazza. Les Portugais, Diaz, Lopez et autres, avaient signalé le *Makoko* comme l'un des Etats les plus importants des rives du Congo. Sans la moindre hésitation il s'y rend, traverse à la tête de trois hommes et un caporal cinq cents kilomètres de pays inconnus, s'abouche avec le souverain et en obtient, après 25 jours d'amicales négociations, un traité de commerce et de protectorat en faveur de la France.

Ce n'est pas tout ; quelque soumis que soient les nombreux tributaires du Makoko, de Brazza sait que l'autorité du souverain en pays sauvage, est d'ordinaire plus apparente que réelle. Il n'ignore pas, d'autre part, que les puissantes tribus des Apouroux et des Batékés ont conservé contre les blancs, en général, des ferments d'une haine ardente par suite de l'affront sanglant que leur a fait subir Stanley, en forçant un passage qu'elles avaient refusé ; dès lors il se rend chez elles, les appelle à un palabre et obtient d'elles, après de loyales et complètes explications, la ratification du traité et l'assurance officielle d'une paix solide avec la France.

Complètement rassuré, de Brazza fonde alors à *Ntamo*, sur le bord du petit lac de Nkouna, que produit le refoulement des eaux du Congo par la dernière cataracte, une station française, où il laisse le sergent Malamine et quatre hommes, pour protéger l'honneur du drapeau et les intérêts futurs de la concession et des droits résultant du traité signé avec le Makoko.

Mais alors, au moment du retour, une vive préoccupation

s'empare de l'esprit de notre ardent et intelligent concitoyen. Il a vu Stanley et ses travaux ; le Congo et les navires de tout rang qui peuvent y circuler en toute saison. La voie de l'Ogowé et de l'Alima, bien qu'ouverte et suffisante pour des bâtiments à faible tirant d'eau, pourra-t-elle offrir au commerce international des facilités comparables à celles que l'initiative de son émule, appuyé par la Belgique, va présenter bientôt à l'activité du monde commerçant ? Ne faut-il pas dès lors créer avant tout une voie de communication entre la station française du Congo et l'Atlantique, en passant sur le territoire de ces localités qui viennent, en partie du moins, de se placer sous son protectorat ? L'immense commerce de produits africains qui doit emprunter la voie du Congo n'est-il pas digne d'un pareil sacrifice ?

Poser cette question pour de Brazza, c'était la résoudre en principe. Aussi l'étudia-t-il, sans perdre un instant, et à peine en a-t-il réuni les éléments indispensables qu'il vole à Paris et vient demander à la France les moyens d'asseoir et de compléter son œuvre.

Nous venons de faire passer sous vos yeux le brillant tableau des résultats obtenus jusqu'ici par les deux grands initiateurs, à notre époque, de la civilisation dans le centre de l'Afrique ; vous ne nous pardonneriez pas de passer sous silence des efforts moins retentissants mais non moins productifs.

Nous avons dit un mot du voyage du père Audouard, de l'ordre du Saint-Esprit, à Stanley-Pool. Tout annonce qu'avec le concours de la France il y fondera le premier établissement national.

Le père Schmitt, du même ordre, s'est rendu, de son côté, de Landana à Mbona, en passant par Banane ; partout il a constaté l'existence de nombreux produits commerciaux, la gomme copal entre autres ; mais, sauf le plateau de Nzoulou-Mango, ils sont absolument abandonnés ; les féticheurs s'opposent sous peine de mort à toute tentative d'exploitation.

Ce même Père a pu constater dans son excursion que les expulsions se pratiquent aussi en Afrique. Les Pères capucins s'étaient établis depuis longues années à Saint-Anthêma, ou Notre-Dame de Pinda. Une révolution locale les en chassa et détruisit tout, sauf la chapelle. Mieux avisée aujourd'hui, la population est venue en masse demander au Père Schmitt de s'établir dans leur localité de préférence à toute autre; avant de s'y décider, ce dernier a cru prudent de demander quelques garanties d'avenir; il s'est borné pour le moment à y laisser un de ses catéchistes.

Les missions protestantes aident de toutes leurs forces aussi à l'œuvre de la régénération. Etablies sur divers points de la côte, elles marchent maintenant vers Stanley-Pool. Le révérend Tombell est à la tête de ce nouveau corps de missionnaires. Provisoirement établis à deux ou trois journées de marche de Stanley-Pool, à Isangila, ils attendent d'être plus nombreux pour aller fonder leur mission.

M. Louis Petit, naturaliste français, établi depuis quelques années à Landana, explore tout le pays jusqu'à Stanley-Pool au point de vue de la flore et de la faune. Les mœurs des gorilles et des chimpamzés ont plus particulièrement attiré son attention.

Au point de vue de la régularité et de la multiplicité des communications avec ces parages, le gouvernement portugais vient de prendre une heureuse détermination: c'est la création d'une ligne de vapeurs qui visitera tous les ports de la Côte d'Or jusqu'aux îles du cap Vert; il est à désirer que toutes les nations trouvent bientôt leur compte à faire paraître leur pavillon dans ces localités.

Remontons maintenant le Congo et voyons où en sont les progrès civilisateurs dans la région des lacs jusqu'à Zanzibar, après quoi nous dirons un mot de la brûlante question de Madagascar.

Et d'abord, envisagée comme grande voie de communication de l'Océan indien au centre de l'Afrique, on ne constate aucune amélioration dans les moyens de transport. C'est aujourd'hui, comme dans les temps les plus primitifs, aux épaules de l'homme qu'il faut recourir si l'on veut pénétrer à l'intérieur dans un but quelconque et même isolément. Aucune bête de somme n'a pu, jusqu'à présent du moins, leur venir en aide. Non-seulement les routes carrossables manquent, mais la température n'a permis aucune acclimatation. Le chameau, si utile dans le Sahara, n'a pu résister aux effets de la saison pluvieuse. Le cheval et le bœuf succombent en quelques semaines aux atteintes de la mouche tsé-tsé. L'éléphant d'Afrique n'a pu se domestiquer. Le roi des Belges en avait fait venir quatre des Indes. Ils sont morts en peu de temps.

A ces obstacles déjà si graves vient encore se joindre l'absence d'un cours d'eau accessible aux navires, d'un tonnage moyen au moins, et s'avançant suffisamment dans l'intérieur, pour encourager les efforts et les sacrifices par la perspective d'un succès certain. Pour y suppléer on ne voit que la création d'une immense route carrossable ou d'un chemin de fer. Ces voies, en reliant l'Océan indien aux lacs, et au Congo par conséquent, auraient une importance qu'on ne peut méconnaître, mais ce sont là des œuvres que le développement de l'agriculture, du commerce et des industries locales peut seul justifier. Bien des années, des siècles peut-être se passeront avant qu'un nouveau de Lesseps puisse en supputer les produits et en entreprendre l'exécution.

Quoi qu'il en soit, le résumé des efforts faits pour améliorer les choses de Zanzibar aux lacs, n'en est pas moins très-remarquable.

Zanzibar n'est et ne sera jamais que la résidence d'un souverain, de consuls, d'administrations et de chefs de commerce. Séparée comme elle l'est du continent, cette île ne peut évidemment offrir des ressources à la vie économique d'une nation.

Aussi est-ce à quelques lieues au sud et sur la terre ferme qu'on peut voir le premier établissement important dû à l'initiative européenne. C'est Bagamoyo, station ou pour mieux dire colonie fondée en 1860-62 par les Pères du Saint-Esprit. Plus de cent mille enfants des environs ou rachetés des marchands d'esclaves, y ont reçu, depuis lors, une éducation religieuse et professionnelle. La plupart d'entre eux forment maintenant des villages chrétiens et trouvent à gagner une honnête existence. Pour arriver à ce résultat, les Pères ont dû se faire eux-mêmes maçons, tailleurs, forgerons, laboureurs, charpentiers, etc. C'est l'exemple seul qui incite au travail ces intelligences fermées depuis des siècles à toute culture intellectuelle ; aussi vingt-deux Pères ont-ils été enterrés à Bagamoyo depuis la date de sa fondation.

C'est à Bagamoyo que tous les explorateurs qui se rendent

dans la région des lacs, forment leurs caravanes de 200, 500 et jusqu'à 1,000 porteurs. Ce concours leur est absolument indispensable. Ce sont ces hommes qui portent les objets d'échange destinés à payer les vivres, les droits de passage, et à réaliser le but de l'expédition.

Notre concitoyen M. Victor Giraud, qui a bien voulu nous communiquer ses projets d'exploration, s'y trouve depuis quelques mois, organisant sa caravane. Nous pensons recevoir d'un jour à l'autre la nouvelle de son départ pour l'intérieur.

La somme des services rendus par la station de Bagamoyo est si considérable et si impartiale à l'égard de toutes les nations, que la plupart des gouvernements, celui de la Grande-Bretagne entre autres, se font un devoir d'en témoigner lenr reconnaissance dans des formes diverses aux Pères directeurs. Aussi, se sentant soutenus par le sentiment public, ces hommes de dévouement viennent-ils de fonder à l'intérieur deux nouvelles stations avec villages chrétiens, et peut-on prévoir que, d'ici quelques années, les Pères du Saint-Esprit, sur l'Océan indien, et ceux de l'Atlantique, auront établi une chaîne ininterrompue d'établissements qui se réuniront dans la région des Lacs. Ce sera une précieuse ressource pour les voyageurs, combinée surtout qu'elle sera soit avec les missions protestantes, déjà nombreuses et puissantes dans ces pays, soit avec les stations, qu'ont fondées les vaillants missionnaires d'Alger au sud et au nord du Tanganika : l'une à Mdabourou, l'autre à Mouloumwa.

La plus remarquable des missions protestantes dans la région des Lacs a été fondée par l'importante Société anglaise Church Missionary Society. Elle se forme de quatre stations dont deux dans l'Usagara : l'une à Mpwapwa et l'autre à Mamboia ; la troisième à Ngui, dans le Unyamesi ; la dernière dans l'Uganda à Rubaga.

Le Comité français de l'Association internationale belge a créé dans le même ordre d'idées une station de secours et de ravitaillement à 250 kilomètres de la côte. Elle est située à Condoa, dans l'Ousagara. Parti de Bagamoyo en juin 1880, le capitaine Bloyet, qui en est le chef, inaugurait son établissement en mai 1881. Peu après, dans une de ses absences, des pluies diluviennes le détruisaient et tout était à recommencer sur des bases de plus grande solidité. La station est aujourd'hui en pleine activité et a donné l'hospitalité, entre autres, à six missionnaires français de passage pour la région des Lacs. M. Bloyet envoie en Europe de précieuses collections de la flore, faune et minéralogie du pays.

De nombreuses explorations ont été faites dans les environs de Bagamoyo et dans les divers royaumes qui avoisinent les Lacs. La rivière Rovuma, entre autres, a été étudiée sur tout son parcours par le voyageur anglais Thomson. Le sultan de Zanzibar avait consenti à payer les frais, croyant qu'on y trouverait des mines de charbon ; mais, cet espoir ayant disparu, M. Thomson a repris l'expédition au profit de la science. Il paraît même décidé à faire, avec le concours de la Société de géographie de Londres, de nouvelles et importantes recherches. Elles tendraient à explorer le massif du Kilimanjaro, si peu connu jusqu'à présent; il compte, en même temps, se rendre du lac Victoria au mont Kenia, en visitant les contrées environnantes.

Le docteur Pogge et le savant Wissemann ont visité, au printemps de 1881, Massumba, capitale du Lounda. C'est la résidence d'un prince Muola-Yamvo, qui avait déjà refusé le passage dans ses Etats, soit à Pogge en 1875, soit, un peu plus tard, à Buchner ; ses dispositions étant restées les mêmes, les voyageurs se sont arrêtés à Quimboundo, d'où ils se sont rendus à Cacheché, grand marché d'ivoire très-fréquenté par les Zanzibariens. De là ils se sont dirigés sur le pays des Tusselauni par 5 degrés de latitude sud. Ils espéraient arriver au lac Mukambo, qui est à dix journées plus à l'ouest.

Un voyage d'un tout autre caractère a été fait en Angleterre par trois dignitaires de la cour de M'tesa, roi de l'Uganda. Rien ne pourra donner à ce prince, le plus influent et le plus intelligent de tous ses confrères d'Afrique, une plus haute idée de notre supériorité, que l'étonnement et l'admiration qu'ont éprouvés ces trois sauvages lorsqu'ils ont pu voir de leurs propres yeux les merveilles de la civilisation européenne et qu'ils ont été reçus par la reine à une de ses plus solennelles réceptions. Les *Mitheilungen* ont donné la traduction du rapport de leurs impressions, rapport présenté à M'tesa à leur retour.

Le capitaine Casati persévère dans ses études sur l'Ouellé. Ce fleuve est-il un affluent du Congo, ou se dirige-t-il vers le lac Tchad ou vers le problématique lac Liba ? C'est la question qu'il étudie. Casati a visité quelques villages des Akkas, peuple nain, déjà signalés par Schweinfurth. Ils habitent le haut bassin du fleuve Blanc.

Un Anglais, M. Stewart, s'occupe très-activement de la construction d'une route qui rappelle les travaux de Stanley. Elle aurait pour effet de relier le Nyassa au Tanganyka. On supprimerait ainsi le service trop coûteux des transports à dos d'homme. Mais, comme toujours, l'ignorance économique a fait croire aux intéressés que cette innovation les priverait de leur gagne-pain. Ils ont donc attaqué les ouvriers de M.Stewart,qui cependant étaient tous nègres ; un grand nombre ont été massacrés. Mais l'ordre s'est rétabli et les travaux ont été repris après une juste satisfaction obtenue de la part des agresseurs.

Le plan de M. Stewart est d'autant plus intéressant qu'une Société de commerce anglo-écossaise (Liwingstone Central African, Company), fondée sous le patronage d'une association religieuse écossaise, tâche d'établir une communication directe entre la Côte et le Nyassa. Elle a lancé pour cela ses vapeurs du Zambèze sur le Chiré. On réaliserait ainsi un premier moyen de relation ininterrompue de l'Océan indien à l'extrémité nord du Tanganiyka.

En résumé, les efforts du côté de l'Orient ne sont pas moins intéressants, s'ils frappent moins l'imagination, que ceux d'Occident, peut-être même sont-ils plus productifs, en ce sens qu'ils tendent surtout à donner au nègre ce qui lui manque le plus : le développement intellectuel et moral, en d'autres termes, la civilisation chrétienne qui a fait la gloire et la prospérité de l'Europe.

Il nous reste à dire un mot de Madagascar.

C'est en 1642, par lettres patentes du 24 juin, que Louis XIII établit sur cette île la souveraineté de la France, et lui donna le nom d'île Dauphine. Une Compagnie privilégiée, comme i était d'usage alors d'en constituer, y fonda de nombreux comptoirs. Mais on voit dans les documents historiques publiés en 1668, par le sieur de Flacourt, que les droits de la Compagnie furent méconnus par les populations ; la couronne consentit alors à prendre son lieu et place et soutint par les armes les droits de la France. Après un siècle de luttes ruineuses, l'évacuation fut ordonnée. De nombreuses tentatives ont été faites depuis pour reprendre la position perdue. On y avait réussi, en partie du moins, vers la fin du dernier siècle. Malheureusement, pendant les guerres de la République et du premier Empire, les Anglais achevèrent, à l'aide de leur puissante marine, la ruine de nos établissements. La Restauration n'en obtint pas moins la reconnaissance diplomatique des droits de la France ; mais, en fait, la partie la plus vitale et la plus nombreuse de la population a continué à se considérer comme indépendante, tout en cherchant à vivre dans de bons termes avec la France. L'Angleterre appuyait secrètement ces prétentions. Les Sakalaves et le pays d'Anossi ont seuls persisté à nous considérer comme leurs protecteurs et leur appui contre les Howas, qui de temps immémorial ont cherché à dominer dans toute l'île.

Tant que les prétentions des Howas n'ont pas revêtu une forme agressive et nuisible à nos alliés, la France n'a gêné en rien le mouvement social qui s'accomplissait, elle le favorisait au contraire, en cherchant à le faire tourner au profit de sa légitime influence et de la civilation. Telle a été la marche du progrès, sous ce *modus vivendi* qui excluait toute prétention exclusive, que des écoles européennes ont été établies sur tous les points de l'île. Tout dernièrement encore la reine et son premier ministre ont voulu recevoir et encourager les élèves de leur capitale. Et ce n'est pas sans étonnement qu'on y a constaté cinq mille enfants élevés par les missionnaires catholiques ou protestants des diverses confessions.

Cet heureux état de choses est malheureusement à la veille d'être sérieusement compromis, au grand préjudice des intérêts de tous. Voici, en effet que, depuis une visite officielle faite à la reine des Howas par l'amiral Jones Gore, ceux-ci ont affiché des prétentions arrêtées sur la domination exclusive de l'île, et se sont livrés contre nos alliés et contre nos droits à des actes d'un tel caractère, que le consul français a dû amener son pavillon et que les hostilités auraient commencé, si la reine Ravalona II n'eût envoyé à Paris une ambassade dans le but d'arriver à un arrangement pacifique.

Les Howas espèrent-ils, dans cette circonstance, profiter des regrettables divisions de l'Europe ? Nos voisins d'outre-mer et d'outre-Rhin appuieront-ils des prétentions aussi contraires xne traités existants qu'aux intérêts bien compris du pays et de la civilisation? C'est ce que nous ne tarderons pas à savoir. Nul n'ignore en effet qu'à la suite de prétentions inadmissibles de la part des ambassadeurs malgaches, ceux-ci ont quitté Paris et se sont rendus en Angleterre, où ils poursuivent activement les négociations. Il serait vraiment douloureux que la question de Madagascar devint une nouvelle source de discordes européennes. Nous le regretterions d'autant plus, que nous ne voyons aucun intérêt majeur pour nos voisins à dominer à Madagascar. L'accès au centre de l'Afrique pourrait seul, sinon justifier, au moins expliquer leurs injustes prétentions contre nos droits. Or, nous venons de voir que cette voie tend à perdre de son importance et cède le pas à la route par le Congo ou l'Ogowé.

QUATRIÈME GROUPE : **l'Afrique australe.**

C'est aux Portugais que revient, comme on le sait, l'honneur d'avoir découvert le passage de l'Atlantique à l'Océan indien par le cap de Bonne-Espérance. Ce sont eux aussi qui possèdent les plus importantes colonies et ont fondé les premiers comptoirs commerciaux dans l'Afrique australe. Il semblerait donc que c'est à eux également que devraient appartenir l'influence morale et le profit matériel auxquels ont naturellement droit de prétendre les nations qui s'efforcent de porter les germes d'une civilisation avancée et les principes d'un travail productif à des populations qui croupissaient jusque-là dans une ignorance séculaire.

Malheureusement pour les Portugais, s'ils ont eu le mérite de l'exploration première, s'ils se sont assuré la possession des plus beaux territoires et des meilleures stations maritimes, on ne voit pas qu'ils aient fécondé le sol par les travaux de l'agriculture, ni amené dans leurs ports ces milliers de navires qui, facilitant l'écoulement, permettent à nos manufactures de s'alimenter des matières premières indispensables à leur activité. Bien moins encore ont-ils su, soit profiter des voies fluviales dont ils occupent depuis longtemps les embouchures, pour s'avancer jusqu'au cœur du continent et y créer de fructueuses relations commerciales ; soit relier leurs ports avec l'intérieur au moyen de routes ou chemins de fer. Tout est resté stationnaire dans les colonies que le Portugal possède à la côte orientale et à celle occidentale d'Afrique. Tout, au contraire, respire la vie, l'activité ou le progrès dans les établissements de Port-Natal et du Cap, qui appartiennent aux enfants de la Grande-Bretagne. Ah ! c'est que, comme nous le disait dernièrement notre collègue M. Calmette-Terral, pendant que les ingénieurs portugais font des plans, les Anglais agissent. Depuis trente ans que les premiers projettent de relier leur beau port de Lourenço Marquez avec le Transwaal, qui étouffe faute de communication maritime, les seconds savent utiliser le port de Natal, qui s'ensable, pour inonder ce pays des tissus de Manchester, des produits de Sheffield et de Birmingham, tout comme ils en retirent chaque année, à l'aide de leur puissante marine, 8 à 10,000 livres de laines et autres matières que réclament les manufactures de Leeds et autres centres industriels.

En 1864, le mouvement des douanes de Natal et du Cap n'atteignait pas 42 millions de francs ; il s'élevait, à la fin de 1878, à 250 millions. Les mines de diamants de Kimberlay fournissaient, fin 1881, un travail rémunérateur à 20,000 nègres et à 2,000 blancs. Leur produit annuel est de près de cent millions de francs. Nous cherchons vainement des résultats analogues dans les colonies portugaises de Sofala, Quillemane, Lourenço Marquès, sur le Pacifique ; Loanda, Benguela et Mossamedès sur l'Atlantique.

Il ne suffit donc pas à la nation qui veut se placer haut dans l'échelle des peuples colonisateurs de découvrir un pays inconnu, de le doter des bienfaits d'une administration éclairée, de construire des villes et des villages, de répandre même dans la population une bonne instruction et une saine éducation. Tout cela, les Portugais l'ont fait pour l'Afrique aussi largement et libéralement que possible. L'histoire de leur passé le prouve, le nom et les œuvres de Serpa Pinto et de ses compagnons, Capello et Ivens, l'attestent dans le présent. Mais il leur a manqué des hommes de valeur pratique, montrant à l'indigène les moyens de féconder son sol, d'en extraire les richesses cachées, de s'ingénier pour trouver ce qui lui manque et de tirer parti de ce qu'il a de trop. Notre collègue, M. Calmette-Terral, constate qu'après un engourdissement de près d'un siècle, la nation portugaise se réveille et s'efforce de reprendre au point de vue économique, le terrain qu'elle a perdu. Les plus vives sympathies du monde civilisé la suivront dans cette voie.

Depuis que les Anglais en ont fini avec la guerre des Zoulous et qu'ils ont réussi à régler les contestations qu'ils avaient imprudemment soulevées avec les Boers et le Transwaal, on peut dire que la paix règne dans toute cette partie de l'Afrique australe. La civilisation y gagne chaque jour du terrain, grâce à l'action bienfaisante des missionnaires et des commerçants, dont le concours est également recherché et apprécié par les particuliers et les gouvernements de ces divers pays. Au sud et au nord de l'Afrique, le progrès marche donc d'un pas à peu près égal et satisfaisant.

Mais il n'en est plus de même lorsqu'après avoir quitté le fleuve Orange, on s'avance vers le haut Zambèze. Peu à peu l'action civilisatrice des colonies européennes cède la place à celle d'autorités indigènes, peu favorables à l'arrivée d'étrangers qu'elles redoutent. Bientôt même l'explorateur, le missionnaire ou le commerçant se trouvent en plein pays de tribus sauvages, divisées entre elles, et ce n'est qu'au prix des plus durs sacrifices qu'ils réussissent à y fonder des missions.

La plus remarquable et la plus importante de toutes ces entreprises a été la mission du haut Zambèze. Elle émane de l'initiative de vingt-deux Pères jésuites, français, anglais et belges, sous la direction du Père Delpechin. C'est pour ce pays l'événement capital des cinq dernières années.

Le plan général consistait à établir, sur le haut, le moyen et le bas Zambèze, des stations se reliant et s'appuyant les unes sur les autres et donnant la main aux missions déjà établies dans les parties de l'Afrique australe plus directement placées sous l'influence de la civilisation européenne. Le christianisme exercerait ainsi sa bienfaisante action du cap de Bonne-Espérance jusqu'à la région sud des lacs, et de l'Océan indien à l'Atlantique; soit, en d'autres termes, du 35e au 13e degré de latitude sud et du 33e au 23e degré de longitude est du méridien de Paris.

En moins de trois ans le Père Delpechin, qui a toujours tenu la tête de ce beau mouvement, le Père Delpechin et ses compagnons ont exploré ou pour mieux dire fouillé dans tous les sens les deux rives du Zambèze. De premiers jalons ont été plantés et d'importantes relations établies avec les chefs des principales tribus. Mais au prix de quels sacrifices ces hommes de dévouement sont-ils parvenus à s'établir au milieu de populations dont l'état de la civilisation est certainement en dessous de celle des Peaux-Rouges lorsque Christophe Colomb fit sa première apparition en Amérique !

Partis de Cape Town vers la fin de 1878, le Père Delpechin et ses collègues se rendirent par étapes successives, avec leurs wagons de route (seul moyen de voyager dans ces pays), à Tati, principal village des *Makalacas*. La mission se divisa alors en deux corps. L'un d'eux, se portant au nord-est, se dirigea sur Gubuluwayo, capitale ou kraal du royaume du Lobengula, au 20e degré de latitude et 29e degré de longitude. Peu de jours après, ce premier corps continua sa route, en inclinant de plus en plus à l'est, traversa avec mille peines 80 lieues environ de solitudes et pays inconnus, puis, arrivé au bord du grand Sabi, il chemina directement au sud jusqu'au kraal d'Umzilla, où réside le chef du royaume du même nom. Le port portugais de Sofala n'en est pas à plus de cinquante à soixante lieues sur le même parallèle; mais des marais impraticables en séparent.

A Gubuluwayo les Pères obtinrent assez aisément l'autorisation et les terrains nécessaires à leur but. Le souverain du Lobinguela paraît apprécier l'avantage pour ses sujets et pour lui-même de l'établissement d'une mission chrétienne dans sa capitale. Deux Pères et quelques aides y resteront en résidence. C'est un premier résultat acquis.

L'organisation de la mission d'Umzilla a donné lieu à d'interminables négociations ; et comme elles s'opéraient à grande distance de la résidence du chef, les Pères se virent sur le point de périr tous de misère et des atteintes de la fièvre. A force de sollicitations et surtout de cadeaux, les Pères Law et Fuchs réussirent cependant à créer un établissement provisoire. Mais bientôt le premier mourut, et le second, privé de tout appui et de toute ressource, prit avec un des Frères qui lui restait le parti héroïque d'essayer de gagner Sofala. Il y arriva à travers mille dangers et souffrances de toute nature, mais ce fut pour y mourir trois ou quatre jours après. Les autorités et la population portugaise lui avaient cependant prodigué tous les secours imaginables, tout comme elles s'honorèrent en accordant à cet homme de bien et de sublime dévouement des marques unanimes d'admiration et de sympathie.

La seconde partie de la mission, après être restée quelques temps à Tati pour y créer une organisation centrale, se porta dans la direction du nord-ouest vers le Zambèze; elle s'arrêta à *Panda-Manteka*, après avoir franchi les 70 lieues qui séparent Tati de ce fleuve. Les Pères suivirent ensuite la rivière jusqu'à Moemba, entre le 27e et le 28e degré de longitude est, où ils établirent une mission dans le but spécial d'évangéliser les Matabélés sur la rive droite du Zambèze.

Ces localités ne nous sont pas tout à fait inconnues. M. Colliard, pasteur protestant, vous en a entretenus, et vous vous rappelez encore l'émotion que nous éprouvâmes lorsqu'il nous dépeignit l'état de misère et de marasme où se trouvait Serpa Pinto lorsqu'il eut l'heureuse fortune de rencontrer ce dernier missionnaire, qui réussit à l'arracher à une mort inévitable.

D'autre part les missionnaires catholiques portugais ont établi sur le fleuve diverses stations, entre autres Zumbo, Tété et Senna, qui peuvent plus ou moins aisément répandre les premiers germes de la civilisation parmi les Matabélés. Combinées avec sa nouvelle fondation de Maupea, dont nous venons de parler, les stations des Pères forment en réalité une chaîne ininterrompue de secours, de l'embouchure du Zambèze jusqu'aux Chutes-Victoria, situées à quelques lieues de Panda-Manteka, et dont M. Colliard nous a décrit les splendeurs.

Mais il ne suffisait pas au Père Delpechin d'avoir complété l'organisation des missions de la rive droite. A peine ce but est-il atteint qu'il dirige une partie de ses compagnons au nord et ne s'arrête qu'à *Katenga*, par 13° de latitude de sud et 21° de longitude est, au centre du pays des *Marotses* et des *Mambundas*. Là encore il fonde une mission, dans le but de rendre aux tribus de la rive gauche du Zambèze les mêmes services qu'aux populations de la rive droite.

De pareils efforts ne se font pas sans de durs sacrifices. Un tiers des Pères est mort à la tâche; mais rien n'arrête ces hommes de fer et de feu, — *En résumé*, dit l'un deux, *il y a un travail commencé et fondé; un nouveau champ est ouvert au zèle des missionnaires. Qu'il faille des sueurs pour l'exploiter, c'est certain; du sang, c'est probable. Quiconque désire y travailler, doit être prêt à embrasser la souffrance.*

Quelle est l'entreprise qui ne réussirait pas avec des hommes qu'anime à un tel degré l'esprit de dévouement et de sacrifice?

Les missionnaires des autres cultes chrétiens n'agissent pas avec moins d'énergie. Treize sociétés diverses existent déjà dans le sud de l'Afrique et rayonnent au nord, gagnant chaque année quelques nouveaux territoires à la civilisation. Nous citerons entre autres la mission Rhénane qui, établie au Cap, dans le pays des Hottentots et l'Herrero, a poussé ses avant-postes jusque dans la région d'Owambo. — La société des missions de Londres et la mission de Hermansbourg consacrent principalement leurs efforts au développement moral des Bechuanas, dans le Transwaal, et des Zoulous. De nombreuses maisons d'enseignement fonctionnent dans la partie la plus civilisée de l'Afrique australe. Les indigènes y reçoivent une instruction tout à la fois religieuse, morale et professionelle, sous la direction des missionnaires catholiques et protestants. Rien n'aidera plus l'œuvre du progrès, dans les pays plus au nord, que la consolidation et l'extension de ces maisons d'éducation. Elles facilitent aux missionnaires européens l'étude des dialectes des diverses tribus, les habituent aux mœurs et au climat du pays, et préparent la création ultérieure d'un clergé indigène, sans le concours duquel il sera bien difficile à l'Europe de rendre complète et durable l'œuvre de la régénération africaine.

Le progrès moral et religieux n'a cependant pas été le seul à s'affirmer dans l'Afrique centrale, les explorations scientifiques et économiques s'y comptent aussi en grand nombre. Elles contribueront largement au succès final.

La hardie traversée de Serpa Pinto est connue ; elle avait pour objectif, on le sait, l'étude du Zambèze et plus particulièrement celle des rapports de ce fleuve avec le Congo. Nous nous bornerons donc à en rappeler le souvenir ; mais on nous permettra de dire un mot des résultats obtenus par ses compagnons, MM. Cappello et Ivens. Le but spécial de leur voyage était d'étudier le Cuango et les facilités qu'il peut offrir aux relations avec la côte occidentale. La province d'Angola, dont ce fleuve traverse le territoire, était grandement intéressée à la question, comme moyen d'y augmenter l'influence commerciale et civilisatrice des Portugais. Aussi le gouvernement et la Société de géographie de Lisbonne avaient-ils pris l'initiative de l'entreprise.

Au point de vue géographique, MM. Capello et Ivens ont déterminé les sources du Cuango, principal affluent du Congo, du Cubango, du Cassaï, du Luango, du Tchicapa ; ils ont aussi constaté l'existence d'un grand nombre de cataractes sur le Cuango et reconnu divers affluents de la rive gauche de ce fleuve. La vaste région lacustre qui s'étend sur les montagnes du Zambo, du pays d'Iaca, de Futa, de Quiteca et de Sasso, n'a pas échappé non plus à leurs investigations.

Au point de vue de la géographie commerciale, MM. Capello et Ivens estiment que les gens de Bihé auraient toutes les qualités requises pour former d'excellents négociants. Ce sont d'infatigables voyageurs, parcourant en tous sens les régions, de l'intérieur à l'est. Ils se font les pourvoyeurs de leurs besoins en marchandises de la côte occidentale. Ils rappellent, on le voit, le type si connu à Lyon, avant la multiplication des moyens de communication, des marchands colporteurs de Briançon et de la Savoie.

Dans leur voyage de la Côte à l'intérieur, les explorateurs portugais ont constaté trois zones de terrains sensiblement différentes. Grande insalubrité et races malingres dans toutes les basses terres qui finissent à Quillenges par une altiude de 800 mètres ; amélioration progressive à mesure qu'on s'élève en se rapprochant du plateau de Bihé, où se trouvent les hautes montagnes. Celles qui passent au méridien des sources du Cubango atteignent 1,900 mètres.

La minéralogie, la faune, la sylviculture de cette partie de l'Afrique sont on ne peut mieux décrites par MM. Capello et Ivens, mais ils ont surtout enrichi la science magnétique d'une précieuse série d'expériences qui ne peuvent manquer d'attirer l'attention des hommes compétents.

Les mines d'or de la vallée du Zambèze viennent d'être l'objet d'une étude sérieuse. On la doit à l'initiative de la Compagnie générale de la Zambézie, fondée par M. Paiva d'Andrada, capitaine d'artillerie de l'armée portugaise. Placé lui-même à la tête de l'exploration, cet officier s'adjoignit dix hommes spéciaux : chimistes, minéralogistes, ingénieurs, etc. Partie de Marseille le 6 mars 1881, l'expédition arrivait à Quillemane le 11 avril, d'où elle se rendit immédiatement à Maupéa sur le Zambèze. Remontant ensuite le fleuve, elle établit deux centres d'opérations ; l'un à *Senna*, l'autre à *Tété*, localités où, comme nous venons de le voir, les Pères Jésuites portugais ont fondé des missions en vue de la civilisation des *nègres*. Sauf quelques officiers portugais ou marchands de minime importance, ce sont en effet les seuls habitants de ces contrées.

Les gisements aurifères reconnus par le capitaine Paiva d'Andrada ne paraissent pas de grande importance, au moins dans leur état actuel d'exploitation par les indigènes. Ils sont au nombre de trois.

Le premier est situé à *Machingu*, demi-degré au nord de Tété. Les nègres du pays viennent de temps à autre y faire des lavages dont les ingénieurs ont estimé le produit à un décigramme d'or par mètre cube de terrain.

Sur la rive droite du Zambèze, au sud-ouest de Tété, l'expédition trouva encore près du Mazoë quelques lavages aurifères. Leur rendement est, paraît-il, encore plus faible qu'à Machingu.

Le troisième gisement paraît devoir offrir un produit plus rémunérateur. Dans l'état actuel de son exploitation par les indigènes, il est évalué à un demi-gramme par mètre cube. Les procédés perfectionnés peuvent l'augmenter. Ces mines sont situées en amont de *Menna*, sur le plateau de *Nanica*, dont la souveraineté appartient à *Matassa*, l'un des nombreux chefs de tribus qui peuplent ces contrées. Le gouvernement portugais leur fait prêter serment d'allégeance et entretient auprès de chacun d'eux, suivant son importance, un capitaine ou un sergent-major. Mais c'est à peu près tout ce qu'il en obtient. En réalité ces chefs sont indépendants et, faute d'éléments de travail agricole ou industriel, leur pauvreté est extrême ; c'est au point qu'en retour des nombreux riches présents de l'expédition, Matassa ne put lui offrir que deux misérables bœufs, à peine suffisants pour subvenir pendant quelques jours aux besoins de l'existence du personnel.

Les mines de Manica étaient autrefois largement exploitées

par les esclaves des habitants de Massikesse, la plus importante des villes portugaises dans ces parages ; des faits de guerre l'ont détruite, au grand préjudice de la civilisation.

Les documents rapportés par l'expédition sont extrêmement complets en ce qui touche la détermination géographique des cours d'eaux, la latitude, longitude et altitude des lieux, ainsi que pour les richesses minéralogiques du sol. Le docteur Paul Guyot, attaché au corps expéditionnaire, a de son côté remonté le Chiré jusqu'à la hauteur du pic Malarve, et découvert un nouveau cours d'eau, le Ziozio, qui part du Nyassa et forme une seconde jonction de ce lac avec le Zambèze dans les environs de Tété. Si donc les travaux de l'ingénieur anglais Stewart se terminent bientôt, les Portugais, maîtres des embouchures du fleuve, auront à leur disposition une voie ininterrompue de l'Océan indien à la rive nord du Tanganika.

Nous avons mentionné la présence à Owampo, ville principale de la Cimberasie, d'une mission protestante. Cette partie, la moins connue d el'Afrique australe, est située entre le pays des Hottentots et la colonie portugaise de Mossamedes. Elle vient d'être visitée très en détail par le Père Duparquet, missionnaire catholique français, en compagnie d'un Anglais, M. Jordan.

En 1879 le Père Duparquet avait visité les deux tribus à l'est d'Owampo, mais sans atteindre le Cunene. Dans son excursion de 1880 il est parti d'Omaruru, vers la mi-juin. Se dirigeant au nord, il atteint d'abord Ovouzia, dont le roi Nihombo lui fait bon accueil ; il visite ensuite les Ombalandous, jusqu'ici peu visités ; les tribus voisines leur faisaient, par intérêt probablement, une réputation de férocité. Les voyageurs constatent au contraire leurs mœurs douces et inoffensives.

Continuant sa course au nord, le Père arrive chez les Ombandja et choisit, à la demande expresse de leur roi Ikera, un emplacement propre à la fondation d'une future mission. Finalement il atteint les rives du Cunene, le remonte jusqu'à Ololika (16° 50 long. Est), visite les stations portugaises de Houmbi, qui sont en relations suivies avec Mossamedes, mai les vingt et une journées de marche qui les séparent de cette colonie.

Le voyage du Père Duparquet a fourni de précieux renseignements à la science géographique. Il a expliqué, entre autres, pourquoi le Cunene a un si faible débit d'eau à son embouchure. Cela paraît tenir à ce que l'Omoware, qu'on avait considéré jusqu'ici comme un affluent du Cunene, en forme, en réalité, le déversoir et entraîne la plus grande partie de ses eaux vers l'intérieur, en direction sans doute de quelque lac encore inconnu.

CONCLUSION

En résumé, vous le voyez, Messieurs, au sud comme au nord et au centre, dans la vallée du Zambèze, comme sur les bords du Nil, du Niger ou du Congo, sur tous les points, en un mot, du *continent noir (the Darck Continent)* nous trouvons à l'œuvre les divers membres de la grande famille européenne, et aujourd'hui comme au XIIe siècle en Asie, comme aux XVIe et XVIIe siècles en Amérique, tous poursuivent le même but ; tous s'empressent, à l'envi les uns des autres, de porter à leurs frères qui les ignorent encore les bienfaits d'une civilisation qui a fait leur supériorité morale et intellectuelle.

Admirable et étonnant spectacle ! il surprend et charme d'autant plus que, si les acteurs partent des mêmes lieux, l'EUROPE ; s'ils puisent à la même source de vie, l'*esprit de dévouement et de sacrifice*, les moyens qu'ils emploient pour s'acquitter de leur tâche diffèrent essentiellement et plaisent davantage.

Ce ne sont plus, en effet, un ou deux gouvernements qui président aux mouvements et quelques hommes de guerre qui les exécutent. Ce sont des nations entières et des nuées de travailleurs de rangs et de conditions divers. Tous accourent à l'appel des initiateurs de l'œuvre, les Livingstone, les de Lesseps, les Stanley, les de Brazza. Tous hommes de paix.

La force armée figure bien encore au premier rang avec honneur et gloire, mais sa mission n'est plus d'abattre l'obstacle ; elle consiste bien plutôt à protéger l'effort libre et volontaire.

Si par moments elle s'oublie et revient à d'anciens errements, on la blâme plus qu'on ne l'approuve. Ce qu'on encourage, ce qu'on applaudit, c'est le laboureur qui féconde le sol, c'est l'ingénieur qui perce les isthmes, c'est le commerçant qui porte aux populations ce qui leur manque et utilise ce dont elles ne savent pas encore tirer parti ; c'est, enfin, le missionnaire qui élève l'âme et fortifie les courages, en rappelant à tous le but suprême de l'existence et du labeur.

Le travail de tous, en vue de tous ; le travail productif ; le travail libre, tel est donc le caractère de l'œuvre européenne en Afrique. Le meilleur titre de gloire de la fin du XIXe siècle, ce de l'avoir entreprise et de la compléter.

Le Président,

Louis DESGRAND.

www.ingramcontent.com/pod-product-compliance
Lightning Source LLC
LaVergne TN
LVHW010100230826
846091LV00005B/2027

* 9 7 8 2 0 1 3 2 7 5 6 3 7 *